세계의 섬을 찾아가다

국립제주박물관 문화총서 12

세계의 섬을 찾아가다

국립제주박물관 편

서 경 문 화 사

국립제주박물관 문화총서 제12권
『세계의 섬을 찾아가다』를 발간하며

　국립제주박물관이 지난 2002년 제1회 '박물관 아카데미'를 시작한 이래, 벌써 올해로 12회째를 맞이하게 되었습니다. 그 동안 박물관 아카데미는 우리나라를 비롯하여 세계의 역사와 문화, 자연과학, 신화 등 폭넓은 주제를 다루어 왔습니다. 그리고 매 강좌마다 분야별 최고의 권위자들을 초빙하여 수준 높은 강좌가 될 수 있도록 최선의 노력을 기울인 결과, 제주도민들의 지속적인 관심과 사랑을 받고 있습니다.

　금번 박물관 아카데미의 주제는 『세계의 섬을 찾아가다』로 강좌 개설과 함께 문화총서를 발간하게 되었습니다. 주제를 '세계의 섬을 찾아가다'로 정하게 된 이유는 다음과 같이 크게 두 가지입니다.
　과거의 제주도가 단순히 이국적인 섬이자 관광지로 인식되었다면, 현재의 제주도는 신화의 섬이자 전통과 민속 문화가 살아 있는 곳, 자연의 치유가 있는 '힐링의 섬'으로 사람들의 인식이 변화하게 되었습니다. 또한 화산섬이라는 지역적 · 환경적 요소들로 인해 생성된 자연환경의 가치를 세계적으로 인정받게 되었습니다.
　따라서 이 시점에서 '세계 섬의 다양한 역사와 문화'를 집중적으로 살펴보고, 다시 제주의 문화와 비교 이해할 수 있는 기회를 마련하여,

향후 제주의 자연과 전통문화를 지속적으로 보존하고 계승할 수 있는 바탕이 되었으면 하는 바램을 담아 이번 주제를 정하게 된 것이 첫 번째 이유입니다.

두 번째로는 몇 년 전부터 일본은 독도를 자국의 영토라고 억지 주장을 펼치면서 야욕을 숨기지 않고 드러내고 있습니다. 독도는 우리나라 동해의 가장 동쪽에 있는 섬으로 해양자원과 지하자원이 풍부하여 경제적으로나 지정학적으로도 중요한 위치에 있습니다. 따라서 독도에 대한 고문서 자료 등을 통해서 역사적 인식을 새롭게 하는 계기를 마련하기 위한 것이 이번 주제를 정하게 된 두 번째 이유입니다.

한편, 문화총서에는 울릉도, 대마도, 표류와 유구, 대만의 역사, 중국의 하이난 섬, 러시아 사할린 섬과 한국인, 푸른낙원 하와이, 혁명과 예술이 살아 숨쉬는 쿠바, 아일랜드, 에콰도르 진화의 섬 갈라파고스, 그리스 산토리니 섬 등 세계 여러 나라의 섬에 대한 다양한 정보를 접할 수 있도록 각 분야 전문연구자들의 깊이 있는 글들을 수록하였습니다.

국립제주박물관은 이번 문화 총서의 발간을 통해서 일반인들이 역사, 문화, 예술, 사상, 해양생물, 여행 등을 주제로 세계 여러 나라의 문화다양성을 이해하고, 바다와 해양문화에 대한 견문을 넓힐 수 있는 계기가 되기를 기대합니다.

끝으로 바쁘신 중에도 원고를 집필해 주신 여러 선생님들과 출판을 맡아주신 서경문화사에 감사드립니다.

2013년 봄

국립제주박물관장   권상열

목차

세계의 섬을 찾아가다

울릉도, 그리고
일본 고문서 속의 독도

김호동 영남대학교 독도연구소 연구교수

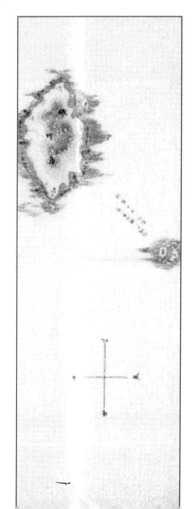

▲ 기죽도약도

울릉도, 그리고 일본 고문서 속의 독도

Ⅰ. 머리말

일본은 1905년 무주지선점론을 내세워 일본 각의의 결정과 시마네현 고시 제40호의 공포를 통해 독도를 불법적으로 영토편입을 하였다. 독도에 대한 불법적 편입(1905)이 일본 제국주의의 한국 침략과정에서의 첫 번째 희생물이었기 때문에 해방 후 한국령으로 귀속되는 것은 당연하였다. 그 이후 독도가 일본의 제국주의 침략의 상징의 일환이었다는 것이 부각되자 일본은 고유영토설을 주장하는 한편, 자국과 48개국이 서명한 샌프란시스코 평화조약에서 독도가 포기되어야 할 영토에서 배제되었는데도 불구하고 한국이 평화선 선포(1952)를 통해 불법점거하고 있다면서 국제사법재판소행을 주장하고 있다.

최근 일본은 고유영토설과 무주지선점론이 모순된다는 주장을 의식해 17세기 에도정부의 공인하에 국민의 활동에 기초한 역사적인 권원을 소유한 영토에 대해 1905년 영토편입 각의 결정과 시마네현 고시, 그 후 일련의 행정권 행사를 통해 일본의 영유권이 근대국제법상으로도 확실하게 했다고 주장한다.

위와 같은 일본의 독도 영유권 주장을 불식시키기 위해 첫째, 17세기 중엽 영토확립설에 대한 반박과 둘째, 1905년의 일본의 불법적 독도 편입이 제국주의 침략의 상징이었다는 주장과 셋째, 1951년의 샌프란시스코 평화조약의 체결과정에서 전후 미국의 동북아질서 구축의 과정에서 파생된 문제라는 인식을 갖고, 일본이 식민지 · 분단 · 미군정 · 전쟁의 참화 속에 빠진 한국을 상대로 미국의 개입과 동의를 획득해 독도영유권을 확보하려는 준비된 계획과 책략을 펼쳤다는 것을 드러내주어야만 할 것이다.

'국립제주박물관 제12회 박물관 아카데미'의 대주제는 【세계의 섬을 찾아가다】이고, 필자에게 부여된 주제는 〈울릉도, 그리고 일본 고문서 속의 독도〉이다. 제목 상에 '고문서'라는 키워드가 있으므로 이번 강의에서 시기적으로 일본의 에도, 메이지 시대의 고문서를 중심으로 일본의 독도영유권 주장에 대한 반박을 하고자 한다. 그리고 에도시대에서부터 메이지시기에 걸쳐 울릉도를 끊임없이 자신의 영토로 하고자 하였다는 것을 부각하고자 한다.

Ⅱ. 울릉도 · 독도의 지리와 지형에 대한 일본의 고문서

오늘 필자가 강의하는 장소인 제주도는 화산섬이다. 마찬가지로 울릉도와 독도는 화산섬이다. 흔히들 독도를 국토의 '막내둥이'라고 부르지만, 제주도와 울릉도보다 훨씬 일찍 생성된 화산섬이다. 독도는 450만년~250만년 사이, 울릉도는 250만년~120만년 사이, 제주도는 120만년 이후에 생성되었다. 그런 까닭에 청년기에 해당하는 제주도 분화구인 백록담에는 물이 담겨 있고, 물이 중년기에 해당하는 울릉도 나리분지는 용출수가 일부 있고, 스며들기 때문에 취락과 경작지가 있다. 노년기에 해당하는 독도는 오랜 세월동안 파랑에 의한 침식작용과 풍화작용으로 인해 토양이 거의 없는 바위섬으로 남았다.

그래서 돌섬의 사투리인 '독섬'으로 불러왔고, 그것을 한자로 옮길 때, 대한제국 칙령의 경우 뜻으로 읽어 '석도(石島)'라고 하였고, 일반 사람들의 경우 소리 나는 대로 읽어 '독도(獨島)라고 하였다.

섬에서 사람이 생존하기 위한 조건 가운데 제일 중요한 것이 해수(海水)가 아닌 담수(淡水)이다. 바위섬으로 이루어진 독도는 토양이 별로 없어 나무가 거의 없고, 유일하게 물골에만 담수가 있기 때문에 독자적으로 사람들이 살 수 있는 생활공간이 되지 못

01 | 제주도 백록담

02 | 울릉도 나리분지

03 | 돌섬 독도

한다. 1901년 일본에서 발행한 『지학잡지(地學雜誌)』 '잡보(雜報)' 란에 "지상에서 몇 척 정도를 파내려가 보아도 물을 얻을 수 없어서 지금으로서는 수산물 제조장으로서의 가치는 부족하지만

학자와 실업가가 탐험할 여지가 충분히 있다"[1]고 한 기록이나 구즈오 슈스케(葛生修亮)의 기록에서도

> 울릉도로부터 동남쪽 약 30리, 우리 오키국 서북으로 거의 같은 거리의 바다에 무인도가 하나 있다. 날씨가 맑으면 산봉우리의 높은 곳에서 바라볼 수 있다. 한국인과 우리나라 어부들은 이를 양코도라고 부르며 길이는 거의 십여 정이며 해안의 굴곡이 아주 많아 어선을 정박하고 풍랑을 피하는 데 좋다. 그러나 땔감이나 음료수를 구하기가 아주 어려워 땅에서 수 척 아래를 파도 쉽게 물을 얻을 수가 없다고 한다. 이 섬에는 해마가 많이 서식하고 있고 근해에는 전복, 해삼, 우뭇가사리 등이 풍부하다. 수년 전 야마구치현의 잠수기선이 희망을 품고 출어한 자가 있었으나 잠수를 할 때 무수한 해마 무리의 방해를 받았고, 음료수의 결핍 때문에 충분한 작업을 하지 못한 채 되돌아왔다고 한다. 생각하건대 당시의 계절은 마침 5~6월로 해마의 출산기에 해당하기 때문에 특히 그 방해를 받았던 것이 아닐까(葛生修亮, 「韓國沿海事情」, 『黑龍』 제1권 제2호, 1901, p.13 ; 『韓海通漁指針』, 黑龍會, 1903, pp.123~124).

독도에서 담수의 부족을 지적하고 있다. 부산의 일본 영사관이 낸 '울릉도상황' 보고서 안에서도

> 이 섬의 정동 약 50해리에 3개의 작은 섬이 있다. 이를 리양코도라고 한다. 우리나라 사람은 송도라고 칭한다. 거기에는 전복이 좀 있으므로 이 섬에서 출어하는 자가 있다. 그러나 그 섬에는 마실 물이 모자라 오랜 기간 출어할 수 없으니 4, 5일이 지나면 울릉도로 귀항한다(外務省通商局, 『通商彙纂』 235호, 明治 35년(1902) 10월 16일).

라고 하여 마실 물이 모자라 4, 5일이 지나면 울릉도로 귀항한다고 하였다. 그렇지만 일본 해군의 망루 설치를 위해 울릉도와 독도를 예비 탐색 조사한 신고호(新高號)의 1904년 9월 25일의 항해일지에 의하면 "송도(松島=울릉도)로부터 도항하여 해마(海馬)

---

1) 『地學雜誌』 vol.13 no.5, 「雜報」 〈日本海中の一島嶼(ヤソコ)〉.

사냥에 종사하는 자는 6~70석 적재량의 화선(和船)을 사용한다. 섬 위에 납옥(納屋)을 만들어 매번 약 10일간 체재하는데 다량의 수입이 있다고 한다. 그런데 그 인원도 때로 4~50명을 초과할 경우도 있으나 담수의 부족은 말해지지 않는다" 는 기록과 함께

> 담수는 동도의 바다가 오목하게 들어간 곳에서 얻을 수 있다. 또 동도의 남쪽 수면으로부터 3간여에 용천(湧川)이 있어 사방으로 침출하는데 그 양이 상당히 많아 연중 고갈되는 일이 없다. 서도의 사방에서 역시 청수(淸水)가 있다.[2]

동도와 서도에 물이 있어서 40~50명을 초과하더라도 담수의 부족이 없다고 하여 다른 기록과 차이가 보이지만 10일간만 겨우 채류한다고 하여 독자의 삶의 공간이 되지 못하였음을 알려준다. 위 사료 전체를 통해 담수와 땔감 부족 때문에 독도는 생활할 수 없는 공간, 즉 무인도여서 울릉도 주민들의 생활공간으로 인식하고 있음을 알 수 있다. 그래서 독도는 4, 5일 내지, 길어야 10일 정도 머물 수 있는 것으로 여겼다. 1965년 이전까지 독도가 무인도로 남아 있었던 것은 이와 같은 열악한 조건 때문이다.

1900년대의 일본 사료에서도 독도가 온전하게 사람들이 거주할 수 있는 공간으로 인식되지 않았고, 울릉도민의 삶의 터전이었다는 것이 인식되었다. 그런 마당에 일본이 17세기 중엽 독도 영유권을 확립하였고, 1696년 '죽도(울릉도)도항금지령' 이 내린 이후에도 송도(독도)가 일본의 영토였다는 주장은 어불성설이다.

땔감도 없고 담수가 거의 없이 사람이 살 수 없는 무인도인 독도이지만 옛날부터 사람들이 들어간 흔적이 전한다. 그것이 가능

---

2) 신용하 편저, 「戰艦新高行動日誌」, 『독도영유권 자료의 탐구』 3, 독도연구보전협회, 2000, pp.186~193.

했던 것은 강원도 삼척, 울진 등지의 동해안 지역에서 육안으로 울릉도를 볼 수 있고, 울릉도에서 독도를 볼 수 있었기 때문이다. 그 자료는 고려시대의 문집,『조선왕조실록』등에 많이 보인다. 눈에 보이는 울릉도로 동해안지역 사람들이 건너갔다. 거기서『세종실록』지리지에서 기록된 것처럼 '풍일청명(風日淸明)' 때 눈에 보이는 독도로 건너갔다. 그렇지만 울릉도에서 독도를 보기가 쉽지 않다. 독도는 1년 가운데 맑은 날이 60~90일 밖에 안 된다. 주로 가을(9월)에서부터 이듬해 봄, 2월 사이이다. 그리고 해가 뜰 무렵에서부터 오전 10시 전후까지, 비가 온 직후에 잘 보인다. 해가 중천에 떠오르면 해수면의 온도가 올라서 수증기가 발생하기 때문에 잘 안 보인다. 항상 맑은 날 바라볼 수 있다면『세종실록』지리지 등에 기록되지 않았을 것이다. 일본의『지학잡지(地學雜誌)』(1901.5)에서도 "지금도 울릉도에 있는 일본인은 맑은 날 산의 높은 곳에서 동남을 바라보니 아득히 섬 윤곽을 확인하였다고 한다"[3]고 하였고,『韓海通漁指針』(1903)에서도 "맑은 날 울릉도 산봉우리의 높은 곳에서 볼 수 있다"고 하였다.[4] 그렇지만 일본의 서쪽 끝에 있는 오키섬에서는 독도를 볼 수 없다.

한일 양국의 자료에서 울릉도에서 독도를 볼 수 있다는 자료가 있음에도 불구하고 가와카미 겐조가 복잡한 수학공식을 동원해 울릉도에서 독도를 볼 수 없다고 증명하려고 한 것은 어떤 이유일까? 눈에 보인다는 것은 하나의 생활권역을 의미하기 때문이다. 그래서 독도는 울릉도민의 삶의 터전이라고 한다. 울릉도에서 독도에 들어간 사람들은 해질 무렵 울릉도를 또렷이 볼 수 있다. 그리고 울릉도에서도 강원도가 보인다.[5]

---

3)『地學雜誌』vol.13 no.5,「雜報」〈日本海中の一島嶼(ヤソコ)〉.
4) 葛生修吉,『韓海通漁指針』,「江原道」, 1903, p.123.

04 | 삼척 소공대에서 바라본 울릉도(이효웅)

05 | 울릉도 사동 새각단에서 바라본 독도

06 | 독도에서 바라본 울릉도

07 | 울릉도 석포에서 바라본 강원도

위 사진을 통해 울릉도와 독도는 울진, 삼척 등지의 동해안 연안민의 삶의 터전이었음을 알 수 있다. 나아가 조선후기에 오면

---

5) 장한상은 『울릉도사적(鬱陵島事蹟)』에서 "비가 그치고 안개가 걷힌 날 중봉(中峯)에 올라보니 남북 두 봉우리가 소소리 치솟아 서로 마주 보고 있으니 그것이 바로 삼봉(三峯)이란다. 서쪽을 바라보니 대관령이 구불구불 뻗어있고 동쪽을 바라보니 바다 한 가운데 섬 하나가 진방(辰方:동남쪽)쪽으로 어렴풋이 보이는데 그 크기가 울릉도의 삼분의 일도 안 되어 삼백여리에 불과하다."고 하였고, 박세당의 『서계잡록(西溪雜錄)』 「鬱陵島」에서도 일찍이 한 승려를 만났더니 그가 "임진년의 난리에 포로가 되어 일본에 들어갔다가 병오년(1606)에 왜선(倭船)을 따라 울릉도에 갔었는데, 섬에 큰 산이 있고 세 봉우리가 더욱 우뚝하게 솟아 있었다. (중략) 대개 두 섬이 여기에서 그다지 멀지 않아 한번 큰 바람이 불면 이를 수 있는 정도이다. 우산도(于山島)는 지세가 낮아 날씨가 매우 맑지 않거나 정상에 오르지 않으면 보이지 않는다. 울릉이 조금 더 높다"고 하였다고 기록하였다.

울진, 삼척 등지의 동해안 연안민들 뿐만 아니라 울산, 부산, 심지어 거문도 등지의 전라도 남해안 연안민들까지 울릉도와 독도로 드나들었기 때문에 울릉도와 독도는 동남해 연안민들의 삶의 터전이었다.[6]

Ⅲ. 에도시대~메이지시대의 일본 고문서에 보이는 울릉도·독도

고려 현종조 이후 우산국이 멸망하면서 조선시대에 걸쳐 이민과 설읍 논의가 있었지만 1883년 이전까지 지방행정체계상 울릉도와 독도가 울진현의 속도(屬島)로 포함되었지만 지방행정을 담당하는 수령 등이 파견되지 않았다.

고려시대부터 조선 전기까지의 사료를 통해 울진, 삼척 등지의 동해안 연안민들이 조세와 역역 동원이 없는 울릉도와 독도를 드나들었다는 것을 확인할 수 있다. 조선조에 접어들어 왜구의 침입을 우려하여 울릉도민을 소개하여 육지로 옮겼다. 그렇지만 울릉도에 동해안 연안민들이 끊임없이 드나들었다. 그런 사태에 직면하여 태종~세종 무렵 울릉도에 설읍을 할 것인가, 주민을 육지로 다시 끄집어내어 군역과 세금을 부과할 것인가를 심각하게 논의하다가 울릉도로 들어간 사람들이 군역을 모면하기 위한 도망자란 인식 때문에 설읍을 하면 다른 데로 다시 도망할 것이라고 판단하여 결국 쇄환(쇄출)하기로 결정하였다. 그러면서도 순심경차관

---

6) 이에 관해서는 필자의 「울릉도와 독도로 건너간 사람들」(『해양문화연구』 7·8합집, 전남대학교 이순신해양문화연구소, 2012.5)을 참조하기 바란다.

등을 정기적으로 파견하여 일본으로 하여금 조선의 땅임을 인식시키고자 하였다.[7] 그렇지만 그 이후 정기적인 쇄환을 위한 수토관의 파견은 사료상 보이지 않는다.

세종~성종조에 요도와 삼봉도를 정부 차원에서 찾는 탐색이 전개된 이후 『조선왕조실록』에는 1693년에 이르기까지 우산과 무릉에 관한 기사가 거의 나오지 않는다. 그것은 조선의 공도정책(空島政策)으로 인한 것으로 보기도 하고,[8] 세종 20년 '순심경차관' 파견 이후 단순한 거민 '쇄출'에서 '처벌'로 강화되었기 때문이라고도 본다.[9]

임진왜란과 양차의 호란을 겪으면서 조선 후기의 통치력이 붕괴되고, 17세기 소빙기에 따른 대재난이 닥치면서 울진, 삼척 등지의 동해안 연안민들은 물론 울산, 부산을 비롯한 경상도 연안민들, 심지어 거문도 등의 전라도 남해안 연안민들이 '나선(羅船)'을 타고 울릉도와 독도에 드나들었다. 1693년 안용복 사건이 일어났을 때 일본에서 안용복이 진술한 내용을 보면 "열명 중 아홉명은 울산 사람, 한 명은 부산포 사람입니다. 우리들이 탄 배와 유선

---

7) 김호동, 「조선 초기 울릉도 · 독도 관리정책」, 『동북아역사논총』 20, 동북아역사재단, 2008 ; 「조선시대 독도 · 울릉도에 대한 인식과 정책」, 『역사학연구』 48, 호남사학회, 2012, pp.92~101.

8) "15세기 이후 다케시마(울릉도)에 대해서는 조선 왕조 정부에 의해서 공도화정책이 실시되어 조선인의 도항 · 거주가 엄금되었기 때문에 이 섬은 오랫동안 무인도와 같은 상태가 되어 있었다. 그곳에 일본인의 모습이 나타난 것은 1590년대부터이다"라고 하거나 "조선왕조는 울릉도 공도화정책을 내실을 동반한 것으로 추진하였고, 수토사를 엄격하게 운영하여 조선인으로 울릉도에 도항하는 사람은 물론, 더 멀리 있는 다케시마=독도까지 도항한다는 것은 생각할 수 없다."(池內 敏, 「일본에도시대(江戶時代)의 다케시마(竹島) · 마츠시마(松島) 인식」, 『獨島硏究』 6, 영남대학교 독도연구소, p.201).

9) 손승철, 「조선시대 '空島政策'의 허구성과 '搜討制' 분석」, 『이사부와 동해』 창간호, 한국이사부학회, 2010, pp.290~291.

(類船)은 세 척이고, 그 중 한 척은 전라도의 배라고 들었습니다. 인원은 17명이 타고 있다고 했습니다. 다른 한 척은 15명이 탔고 경상도의 가덕이란 곳의 사람들이라고 들었습니다." [10] 하여 동남해 연안민 42명이 울릉도에 들어왔었다. 울릉도에서 일본 어부들에 의해 안용복 · 박어둔 두 사람이 납치되었다는 것을 경상감영으로부터 보고를 받은 중앙정부는 아래의 사료 ①에서 보다시피

① 경상도 연해의 어민들은 비록 풍파 때문에 무릉도(武陵島)에 표류하였다고 칭하고 있으나 일찍이 연해의 수령을 지낸 사람의 말을 들어보니 바닷가 어민들이 자주 무릉도와 다른 섬에 왕래하면서 대나무도 베어오고 전복도 따오고 있다 하였습니다. 비록 표류가 아니라 하더라도 더러 이익을 취하려 왕래하면서 어채(漁採)로 생업을 삼는 백성을 일체 금단하기는 어렵습니다 (『비변사등록』숙종 19년 11월 14일).

경상도 연해의 수령들로부터 바닷가 어민들이 자주 무릉도와 다른 섬에 왕래하면서 대나무도 베어오고 전복도 따오고 있다는 것을 확인하였다. [11] 그것은 일본 고문헌에서도 확인된다.

② 이 섬(울릉도 ; 필자 주)으로부터 북쪽에 섬이 있는데 3년에 한번 국주(國主)의 용도로 전복 채취를 갑니다. (중략) 우리들이 저 섬에 건너간 것은 별도로 숨겨서 말씀드릴 것도 아닙니다. 작년에도 울산 사람이 20명 정도 건너갔고, 또한 공의(公儀)로부터 이를 지시받았다고 할 수도 없고 자기들 마음대로 건너간 것입니다(『竹島紀事』元祿 6年(1693) 9月 4日).

③ 겐로쿠 5년의 죽도(竹島) 도해는 무라카와 이치베 차례였다. 그래서, 예년과 같이 배를 만들어 21명이 타고 2월 11일 요나고를 출범하여 오키국 도고(嶋後) 후쿠우라(福浦) 해안에 도착하였고, 잠시 여기서 정박하였다가 3월

---

10)『竹島紀事』6년 6월.
11) 이와 관련한 한국 측의 더 많은 사료는 필자의(「울릉도와 독도로 건너간 사람들」, 『한 · 일 양국의 관점에서 본 울릉도 독도』, 지성인, 2012, pp.120~127)를 참고하기 바란다.

24일 순풍이 불어 돛을 펴고 같은 달 26일 진시(辰時)에 죽도(竹島)의 이가도(伊賀嶋)라고 하는 작은 섬에 배를 묶어두고 본 섬의 상황을 살피는데 (중략) 배를 몰아 하마다포(濱田浦)를 향해 가니 해변가에 이국선 2척이 보였는데 한척은 해변에 올려져 있었고 한척은 떠있었는데 30명 정도가 타고 있었고 우리 배 쪽으로 향해 오다가 7 또는 8, 9간 정도 떨어진 곳에서 오사카포(大阪浦) 쪽으로 갔다. 또, 이국인 두 사람이 해변에 있었는데 이들도 작은 배를 타고 우리 배쪽으로 오다가 지나쳐가려 하였으므로, 이를 불러 세워서 예의 두 사람을 억지로 우리 배에 태우고는 어느 나라에서 왔느냐고 물으니, 그 중 한 사람이 역자(譯者)였는데 말하기를, 우리들은 조선국의 가와텐 가와구(カワテンカワグ) 〈이곳에 대해 잘 알지 못함〉 사람이라고 하였다. 우리 선원들이 말하길, "원래 이 죽도(竹島)는 대일본국의 장군님이 우리들에게 주신것으로 옛날부터 우리가 도해하던 섬이다, 그런데 감히 너희 같은 외국인이 도래하여 우리 일을 방해하였으니 전대미문의 괘씸하기 그지없는 일이다, 한시라도 빨리 이곳을 떠나라"고 하며 혼을 내니, 역자가 설명하여 말하길, "여기에서 북쪽으로 작은 섬 하나가 있다, 우리가 예전부터 우리 왕의 명령을 받아 3년에 한 번 그 섬으로 가서 전복을 잡아 바쳐왔다, 올 봄에도 그 섬으로 가고자 2월 21일 배 수십 척이 함께 본국을 떠났는데, 도중에 갑자기 풍랑이 일어 그 중 5척의 배에 탔던 선원 53인이 3월 23일 간신히 이 섬으로 흘러 들어왔는데, 해안을 보니 전복이 많이 보이기에 심중에 다행이라고 여기며 기뻐하고 지금까지 머물면서 일을 하고 있는 것이다, 아무튼, 바다가 험했을 때 배가 조금 부서져서 고치고 있는데 다 고쳐지면 즉시 돌아갈 것이니, 그쪽도 어서 배를 대시오" 라며 오고 싶어 온 것이 아니라는 듯이 말하였다(『竹島考』 하권, 「조선인이 처음으로 竹島에 도래하다」).

④ 올해도 그 섬에 벌이를 위해 부산포에서 장삿배가 3척 나갔다고 들었습니다. 한비치구라는 이국인을 덧붙여 섬의 형편이나 모든 것을 해로에 이르기까지 자세히 지켜보도록 분부했으므로 그 자들이 돌아오는대로 추후에 아뢰겠으나 먼저 들은 바에 대해여 별지 문서에 적겠습니다.

'두렵게 생각하면서도 적은, 구상(口上)의 각서'
1. 부룬세미의 일은 다른 섬입니다. 듣자하니 우루친토라고 하는 섬입니다. 부룬세미는 우루친토보다 동북에 있어, 희미하게 보인다고 합니다.
1. 우루친토 섬의 크기는 하루 반 정도면 돌아볼 수 있는 크기라고 합니다. 높은 산이며 논밭이나 큰 나무가 있다고 듣고 있습니다.

1. 우루친토는 강원도 에구하이란 포구에서 남풍을 타고 출범한다고 듣고 있습니다.

1. 우루친토에 왕래하고 있는 건은 재작년부터 임에 틀림없습니다.

1. 우루친토로 왕래하고 있는 일은 관아에서 모르고 있고, 자기들 생계를 위해 나가고 있습니다. 다른 것들은 한비차구가 돌아오는대로 물어 다시 상세한 것을 아뢰겠습니다(『竹島紀事』元祿 6년 8月 13日).

조선 후기에 울릉도와 독도로 들어간 동남해 연안민들은 사료 ④에서 보다시피 관에 알리지 않고 몰래 들어갔고, 적발이 되면 사료 ①에서 보다시피 풍파 때문에 무릉도, 즉 울릉도에 표류했다고 둘러대었다. 그런 상황이다 보니 울릉도에서 일본인들을 조우하였다 하더라도 관에 보고할 리 만무였다. 일본 오야, 무라카와 가문도 울릉도라고 하지않고 죽도(竹島)라는 새로운 무인도를 발견하였다고 하여 에도막부로부터 도해면허를 받았기 때문에[12] 조선인을 만나더라도 그것을 기록에 남기지 않았다. 돗토리번에서 "竹島는 이나바·호키의 부속이 아닙니다"라고 에도막부에 보고한 것처럼 오야, 무라카와 가문 역시 울릉도로의 도해가 불법적인 것을 잘 알고 있었을 것이다. 그렇기 때문에 울릉도에서 어채활동을 한 것을 본국에 알리지 않았고, 그들만이 어로활동을 독점한 것처럼 말하기 위해 에도막부에 호키국의 영지라고 하면서 토관이 파견되었다는 거짓말 보고를 평상시 하였다고 보아야 한다. 그런 관점에서 볼 때 오야, 무라카와 가문은 1692년에 조선인들이 울릉도에 처음 어로활동을 하면서 충돌이 일어나게 되었다는 것을 말할 필요가 있었다. 이들의 보고자료에 전적으로 의존하여 쓰여진 오카지마 마사요시(岡嶋正義, 1784~1858)가 쓴 『竹島考』(1828)에서 「조선인이 처음으로 竹島에 도래하다」는 편목을 만들어 1692년에

---

12) 『숙종실록』 권26, 숙종 20년 2월 23일.

조선인들이 울릉도에 처음 어로활동을 하면서 충돌이 일어나게 되었다고 밝혔다.[13] 그렇지만 쓰시마번에서 만들어진 『竹島紀事』의 사료 ②, ④에 의하면 조선에서 울릉도와 독도에 꾸준히 들어와 어채활동을 한 것으로 확인된다. 사료 ③에서도 울릉도에서 조선의 譯者가 "여기에서 북쪽으로 작은 섬 하나가 있다, 우리가 예전부터 우리 왕의 명령을 받아 3년에 한 번 그 섬으로 가서 전복을 잡아 바쳐왔다, 올 봄에도 그 섬으로 가고자 2월 21일 배 수십 척이 함께 본국을 떠났는데, 도중에 갑자기 풍랑이 일어 그 중 5척의 배에 탔던 선원 53인이 3월 23일 간신히 이 섬으로 흘러 들어왔다"고 일본 무라카와 어부들에게 이야기하였다. '譯者'가 존재한다는 것은 이미 울릉도에서 일본인과 조우한 경험에서 비롯된 것이다. '譯者'의 존재를 통해서도 1692년에 조선인들이 처음으로 竹島에 도래했다는 것은 오야, 무라카와 가문이 거짓말한 것임을 알 수 있다. 1693년의 오야 가문의 안용복·박어둔 납치사건은 조선에서 건너온 어채인과 일본 오야, 무라카와 가문이 그간의 상호 묵인관계가 깨지면서 일본 어부들의 무력 사용으로 인해 역사의 표면으로 드러난 것일 뿐이다.[14]

일본은 17세기 중엽 영유권 확립설을 주장하기 위해 안용복 사건으로 인해 죽도(울릉도)도항금지령을 내렸지만 독도에 대한 금지령은 내리지 않았고, 『숙종실록』 등의 한국측 사료에서 안용복이 울릉도와 독도가 한국의 땅이라고 주장했다는 것은 믿을 바가 못된다고 한다. 그렇지만 일본의 무라카와 가문에서 공개한 「원록구병자년 조선주착안일권지각서(1696)」(그림 08)에서 안용복이

---

13) 김호동, 「『竹島考』 분석」, 『인문연구』 63, 영남대학교 인문과학연구소, 2012.
14) 이에 관해서는 김호동, 「조선 숙종조 영토분쟁의 배경과 대응에 관한 검토-안용복 활동의 새로운 검토를 위해」(『대구사학』 94, 2009.2)에서 검토된 바가 있다.

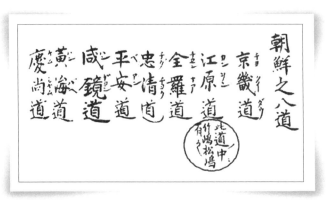

08 | 원록구병자년 조선주착안일권지각서

강원도에 죽도(울릉도)와 송도(독도)가 포함되었다는 것을 주장한 기록이 나온다.

한국의 경우 안용복을 '장군' 혹은 '민간외교가' 로 칭송하면서 안용복 개인이 독도영유권을 해결하였다는 인식을 갖고 있다. 그렇지만 한 개인의 활동으로 인해 영토문제가 해결되었다는 인식을 뛰어넘어 안용복 사건으로 인해 조선정부와 일본 에도막부 사이에서 '울릉도쟁계(죽도일건)' 가 발생하여 일본이 울릉도를 조선의 땅으로 인정했고, 그 속에 독도가 포함되었다는 것을 강조할 필요가 있다. 그것을 위해 에도막부가 질문한 돗토리번의 답변서에서(1695) 죽도와 송도는 이나바와 호키에 부속된 섬은 아니라고 밝혔다는 것을 드러내고, '울릉도쟁계' 이후에 일본이 독도만을 목적으로 독도에 건너오지 않았던 것을 강조할 필요가 있다. 그리고 일본 외무성의 문서인 「조선국교제시말내탐서」에서 일본이 죽도(울릉도)와 송도(독도)가 조선의 영토로 된 시말을 조사 보고하라는 내용이 담겨 있고, 「태정관 지령(1877)」에 "죽도(울릉도) 외 일도의 건에 대해 본방(일본)은 관계가 없다는 것을 명심하

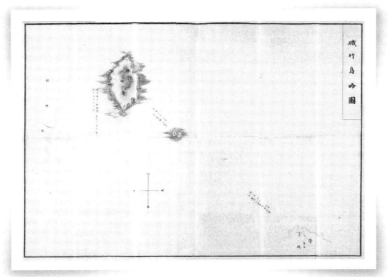

09 | 기죽도약도

라"고 하였고, 이때 내무성이 태정관에 보낸 문서에 첨부된 지도인 「기죽도약도」(그림 09)에 죽도(울릉도)와 송도(독도)를 표기하고 조선에 속하였다는 것이 명시되었다는 것을 강조할 필요가 있다.

Ⅳ. 맺음말

머리말에서 언급한 것처럼 일본의 독도 영유권 주장을 불식시키기 위해 첫째, 17세기 중엽 영토확립설에 대한 반박과 둘째, 1905년의 일본의 불법적 독도 편입은 제국주의 침략의 상징이었다는 주장과 셋째, 1951년의 샌프란시스코 평화조약의 체결과정에서 전후 미국의 동북아질서 구축의 과정에서 파생된 문제라는 인식을 갖고 일본이 식민지 · 분단 · 미군정 · 전쟁의 참화 속에 빠진 한국을 상대로 미국의 개입과 동의를 획득해 독도영유권을 확보하려는 준비된 계획과 책략을 펼쳤다는 것을 드러내주어야만 할 것이다. 이번 강의는 17세기 중엽 영토확립설에 대한 반박을 위하여 에도시대에서부터 메이지시대의 일본 고문헌 자료를 인용하였다.

그와 함께 일본의 독도 영유권 주장을 불식시키기 위해 청일전쟁과 러일전쟁은 일본 제국주의의 침략과정에서 벌어진 전쟁이었고, 1905년의 러일전쟁의 전략적 차원에서 독도가 일본에 불법적으로 편입되었다는 것을 드러낼 필요가 있다. 그 과정에서 일본은 대륙침략의 발판으로서 거문도와 울릉도를 일본의 영토로 편입하려고 하였다는 것을 드러내줌으로써 독도가 제국주의의 침략의 첫 희생물이었음을 주장할 필요가 있다. 그리고 1877년 일본 외무성의 공신국장인 다나베 다이치(田邊太一)의 경우 "송도(독도)는 우리나라 사람들이 붙인 이름이며 사실은 조선의 울릉도에 속하는 우산입니다"라고 한 사실을 부각시켜 우산도를 일본에서 독도라는 인식을 갖고 있었다고 부각하여야 할 것이다. 또 그가 "지금 송도를 개척하고자 하나 송도를 개척해서는 안됩니다. 또 송도가 아직 무인도인체 있는지도 분명하지 않고 그 소속이 애매하므로 우리가 조선에 사신을 파견할 때 해군성이 배 한척을 그곳으로 보내 측량 제도하는 사람, 생산과 개발에 대해 잘 아는 사람을 시켜, 주인 없는 땅(무주지)임을 밝혀내고 이익이 있을 것인지 없을 것인지도 고려해 본 후 돌아와서 점차 기회를 보아 비록 하나의 작은 섬이라도 우리나라 북쪽 관문이 되는 곳을 그대로 방치해서는 안됨을 보고한 후 그곳을 개척해도 됩니다"라는 주장을 통해 1905년 무주지선점론에 의한 일본의 독도 편입은 오랜 시간을 두고 계획된 것임을 드러내줄 필요가 있다.

그리고, 전후 일본이 한국령인 독도를 영토분쟁 대상지역으로 주장하게 된 가장 큰 배경이 샌프란시스코평화회담에 있었고, 전후 독도문제가 동북아시아에 대한 미국의 정책적 영향력·결정력이 초래한 지역문제이고, 그 결정력의 그늘이었다는 것을 밝힌 책이 최근 나왔으므로, 『독도1947』(정병준, 돌배개, 2010)의 책자를 읽어보기를 권한다. 이 책은 '전후 독도문제와 한·미·일의 관계'를 통해 1951년의 샌프란시스코 평화조약의 체결과정에서 전후 미국의 동북아질서 구축의 과정에서 파생된 문제로서, 일본은 식민지·분단·미군정·전쟁의 참화 속에 빠진 한국을 상대로 미국의 개입과 동의를 획득해 독도영유권을 확보하려는 준비된 계획과 책략을 펼쳤다는 것을 잘 밝히고 있다.

세계의 섬을 찾아가다

한국과 일본 대마도

- 대마도 조선속도설(說)을 중심으로 -

김문길 부산외국어대학교 명예 교수, 한일문화연구소장

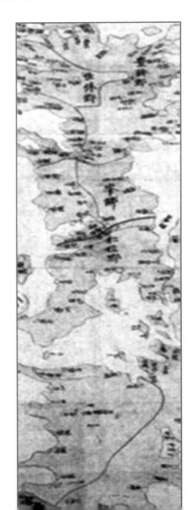

▲ 대마여지도(對馬與地圖)

한국과 일본 대마도
- 대마도 조선속도설(說)을 중심으로 -

Ⅰ. 서론

21세기에 들어와서 국제사회에서 문제가 되는 것은 영토영유권 문제이다. 영토문제는 지금까지는 조금씩 문제시 되어 왔지만 앞으로 더욱 국제사회의 문제를 안고 있다. 한편으로는 자원 문제로 대두되지만 또 한편으로 국위 문제로 대두될 것이다. 영토문제는 조속히 처리해야 할 문제이고 과제이다.

영토문제는 한일 간의 문제일 뿐만 아니라 한국과 중국 문제도 관련을 맺고 있고 일본과 중국 간에 매우 심각하다. 그리고 일본과 러시아 사이에도 해결해야 할 문제가 많다. 그 중에서 독도문제는 우리가 영유권을 가지고 있음에도 불구하고 일본이 자주 거론함에 있어서 양국외교 관계 악화와 영토의 심각성을 가해야 하는 마당에 옛날부터 우리 영토의 속도(屬島)인 대마도도 연구해야 할 필요성이 있고 조선국에 속했다는 역사적인 사실을 알려야 하는 것이다.

본 논제에서 말해주 듯이 옛 문헌과 옛 지도를 통해서 본 대마도는 우리 영토(屬島)임을 고지도와 고문서를 통해 밝히고자 하는 것이 주목적이다.

Ⅱ. 고지도를 통해본 대마도

1. 대마여지도(對馬輿地圖)

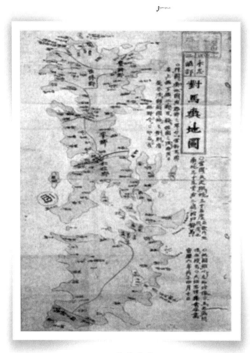

01 | 대마여지도

다음 대마여지도(對馬輿地圖)는 1756년 6월에 작성된 지도다. 이 지도는 일본지리학자로서 에도(江戶)시대 막부가 공인을 받아 완성한 것이다.

그때 일본막부는 서구 오란다(네덜란드)문화를 수용하고 외국문물을 받아들이기 위해 세계지도와 일본지도를 많이 그린 시대였다.

이 지도는 교토 키타노덴만쿠(北野天 滿宮)에 있는 것을 2003년에 출간한 「모리고안지도」(森幸安地圖)에 수록되어 있다. 이 지도에 설명은 "釜示准朝鮮國地之例則府鄕郡令之470里[1]"라고 되어 있다.

다시 말해서 대마도는 "대마도의 부, 향, 군 모든 법칙은 조선국 부산에 준한 것으로 본다. 거리는 470리이다."라고 기록되어 있다.

필자는 지난 2010년 10월 16일 일본 국제문화연구소 초청강연시 「한일해협에 있어서 부산과 대마도」란 제목으로 강연을 했다. 대마도를 연구하는 교수 한분이 "釜示朝鮮國"을 "益示朝鮮國"으로 가마부 자가 아니라 더욱 "益" 자라고 읽는 것이 좋다고 했다. 그리고 "470리"가 아니라 "四品"으로 읽는 것이 좋다고 했다. 어느 것이 맞는지는 몰라도 일본인이 읽는 것이 더 의미가 깊다. 다시 말해 더욱 더 조선국정에 따르는 부, 현, 군인 4품에 속한다. 4품은 종속한다는 의미이다.

2. 청구도 동래부 기장현 지도

「청구도」 동래부 기장현 지도는 1834년에 작성된 지도이며 현재 고려대학교 도서관에 소장되어 있다. 이 지도의 핵심적인 이야기는 지도 이름에서 알 수 있듯이 동래부 기장현을 중심으로 해서 그린 것이다.

특히 대마도를 동래부 기장현의 예속된 의미로 대마도를 설명해 놓고 있다.

표시된 설명문을 확대해 보면 "본예신라수로사백칠십리재동래부지동남해중지실성왕7년 무신왜치영어차도(本隷新羅水路四百七十里在東萊府之東南海中至實聖王7年 戊申倭置營於此島)"라고 기록되어 있다.

다시 말해서 "대마도는 신라땅에 예속되어 있고 470리 거리에 실성왕 7년까지 동래부 동남해중에 있었다"[2] 는 것이다.

무신년에 왜가 들어와서 살기 시작했다. 무신년은 408년 신라

---

1) 辻垣晃一森洋久,「森幸安の描いた地圖」, 國際日本文化センター, 2002, p.27~28.
2) 부산광역시,「부산고지도」, 1599, 2008, 대훈기획.

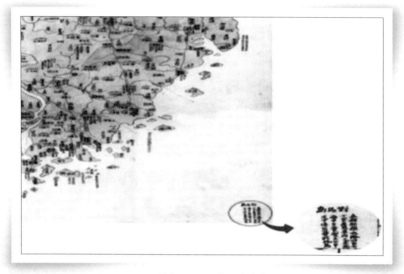

02 | 「청구도」 동래부 기장현

실성왕 7년이고 가락국은 좌지왕(坐知王) 때이다.

3. 중국인의 지도를 통해서 본 대마도

「조선부(朝鮮賦)」 서적은 1488년(성종19)년 중국사신 동월(董越)이 중국 황제의 명을 받고 조선에 와서 보고 들은 것을 저술한 고서적이다. 이 서적에는 조선의 사회, 문화, 지리가 상세히 적혀 있으며 독도도 우리 영토로 그려져 있고 대마도(對馬島)도 조선 영토로 표기된 것이다.

당시 이 서적이 얼마나 평가가 좋았는가 하면 우리나라에서는 1697년(숙종23)에 필사본을 만들었고 일본도 1717년에 필사본을 편찬하여 조선의 사회와 지리를 알게 되었다. 도쿠가와(德川)막부는 백성들에게 조선 풍토를 가르칠 때 좋은 교재로 사용했다.

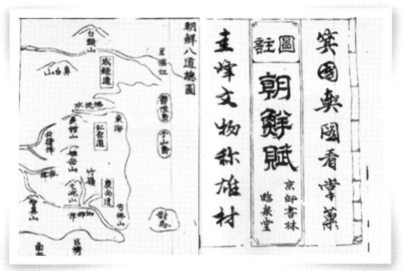

03 | 동월(董越)의 「조선 팔도 총도」

이 책이 세계적으로 인기가 있어 중국은 사고전서(四庫全書)에 이 책을 넣어 출간하였다. 사고전서란 유고, 경전, 역사 등 3458종 7만 9582권이나 수록한 유명한 역사서이다. 또한 사고전서관도 만들어 오늘날까지 현존하고 있다.

일본에서 출간한 「조선부」에도 독도와 대마도는 우리 영토로 되어 있다. 당시 중국인들이나 일본인 모두가 독도, 대마도는 우리 영토라는 것을 입증하는 유일한 사료이다.

일본에서 가장 유적지가 많은 교토의 교토서림, 임천당에서 출간한 책이다.

교토는 우리나라에서 경주와 같은 지역으로 천년 도읍지였던 곳이다. 15세기 교토는 문화도시이기도 했으며 무사들의 교육도시라 할 수 있다.

이 서적의 3페이지에는 우리나라 「조선팔도총도」라는 지도가 있다. 이 지도에는 울릉도가 있으며 우산도가 있다. 울릉도 밑에 우산도가 그려져 있는가 하면 대마도도 우리 영토로 그려져 있다.
(연합뉴스 2008.3.16)[3]

4. 황명여지지도(皇明輿地之圖)

위 지도는 1536년 중국에서 제작한 것이다. 중국 연호로서는
가정(嘉靖)15년 병신년에 김계오(金谿吳)가 그린 지도이다. 이 지
도에는 독도를 장비(長臂)라 하고 있다. 장비는 긴 팔이라는 뜻이
다. 울릉도는 장각(長脚)이라고 하는데 긴 다리라는 뜻을 가지고
있다.

16세기에 중국인들은 독도를 장비라 했고 울릉도는 장각이라
고 했다. 장비와 장각은 육지에 붙어 있는 팔과 다리의 역할을 했
다고 볼 수 있다.

또 대마도는 우리 해협에 붙어 그려져 있는데 16세기 무렵 중
국 사람은 이를 수계(戍啓)라고 했다. 수계의 의미는 견고하게 바
라보고 지킨다는 뜻이다. 수비는 전쟁 시에 수루(망루)를 지어서
적이 쳐 들어오는 것을 보도록 한다. 그리고 전투 길목을 지키는
병사를 수병이라 하고 작전사령부 정문을 지키는 자는 수위(戍衛)
라고 했다.

대마도의 명칭은 중국 사람들은 수계라고 했다는 것이 큰 의미
가 있는 것이다. 다시 말해서 왜적이 처들어 올 때 대마도는 방위
역활을 했다고 볼 수 있다. 지도에서 본 바와 같이 대마도는 우리
나라 지도 밑에 그려져 있다.

----

3) 「조선부」 享保年 (1717년) 교토서림 임천당 발간 p.3 연합뉴스 2008년 3월 16일 보도

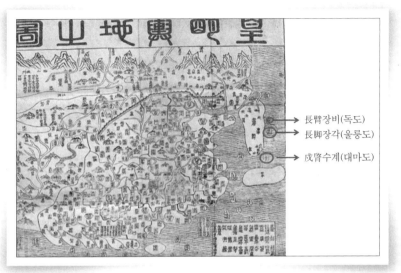

長臂장비(독도)
長脚장각(울릉도)
戍臀수계(대마도)

04 | 황명여지지도(皇明與地之圖)

5. 임진왜란에 있어서 「일본군지도(日本軍地圖)」

1592년 4월 13일 전국을 통일한 도요토미 히데요시(豊臣秀吉)는 조선을 침략했다. 왜군은 신무기로 무장하고 치밀한 침략준비를 하여 제1진 고니시유끼나가(小西行長)를 선두로 제9진까지 침략하였다. 왜군은 총 20만의 병사를 이끌고 침략했다.

임진왜란 시 왜군 작전사령부의 역할을 한 카와가미 히사쿠니(川上久國)가 그린 지도에도 대마도는 조선영토라 그려져 있다.

「임진역에 있어서 일본군지도」는 조선팔도의 각 지역을 기록해 놓은 것이다.

특히 조선의 관군기지(조선성), 도로, 명승지 등이 아주 상세하게 그려져 있다.

왜군은 3개 진영으로 한양수도를 진격했다. 제1진은 동래성을 시작으로 해서 김해, 삼랑진, 대구로 진격하고 제2진은 기장, 울

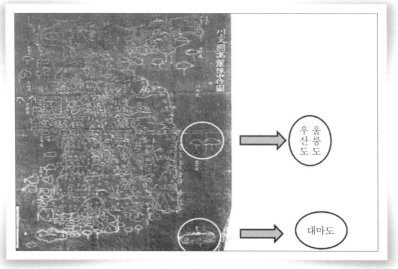

05 | 일본군지도(日本軍地圖)

산, 경주, 영천, 의성으로 진격했다. 그리고 제3진은 김해, 진해, 순천으로 진격했다. 부산포에 침략한 왜군은 치밀한 작전으로 5월 7일 한양 수도를 점령했다.

이때 그린 지도를 보면 대마도가 조선 작전도에 들어 있었다. 조선에 들어오기 전 전쟁의 출발지 나고야성(名護屋城)에서 대마도 도주인 종씨(宗氏)께 전쟁의 필요성과 전쟁에 가담해야 하는 전쟁 교섭담화가 진지하게 이루어졌다.

독도, 울릉도를 우산도(于山島)로 표기한 것과 대마도, 독도, 울릉도를 작전 계획지도에 포함한 것을 볼 때 대마도는 임진왜란 당시 분명한 조선의 영토임을 알 수 있다.[4]

---

4) 카와카미 히사쿠니, 「日本國地圖」, 『加藤淸正 가문서』 本妙寺 소장.

6. 「조선팔도지도(朝鮮八道之圖)」

이 지도는 18세기의 일본 지리학자 하야시 시헤이(林子平)가 그린 지도이다. 지도의 크기는 길이가 80cm이고 폭은 1m의 소형지도이다. 육지는 노란색으로 조선팔도 명칭은 흑(黑)로 기록하고 동쪽의 동은 조선어로 '둥'으로 하고

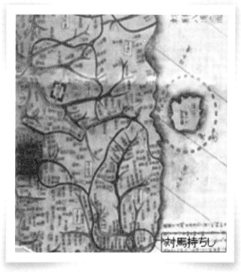

06 | 조선팔도지도

서쪽의 서는 '셰'로 표기하고 남쪽의 남은 '담'으로 표시하고 북쪽의 북은 '복'으로 기록되어 있다. 지도를 그리다가 한글을 모르니 발음 나는 대로 잘못 기록한 것이다. 여기에서 생각해야 할 것은 안용복이 2차로 일본에 들어 갈 때 「조선팔도지도」를 가지고 일본인에게 보여주면서 독도는 울릉도 부속섬이고 조선 강원도에 속했다고 항변한 일이 있다. 그때 받은 지도를 보고 일본사람이 오자로 기록한 것이라 생각된다.

지도 밑에 각 도와 거리를 표시해 놓고 있다. 특이한 것은 지도를 보면 울릉도와 우산도를 같이 그린 것이다. 그래서 우산국이라 했다. 우산국 옆에는 한자로 궁숭(弓嵩)이라 하고 가나명으로 '이소다케'라 말하고 있다.

이소다케는 돌산이란 뜻이다. 궁숭의 의미도 돌로 쌓인 섬이란

뜻이다. 독도는 원래 돌섬이라고 하는 것이 통명이었다. 우산도에서 나온 말이다.

작성연대는 천명(天明) 5년 가을이라고 되어 있고 지도를 출판한 곳은 교토에 있는 하시무로마찌(橋室町) 3정목으로 되어 있다. 이 지도에 특히 눈에 띄는 것은 "對馬島 持チジ"라는 말이 있다. 이 말은 경남이 "대마도를 가지고 있다."라고 해석되고, 반면에 부산에 대마도 주민들이 묵을수 있는 숙소 "왜관"이 있었다. 왜관은 대마도가 가지고 있다는 의미도 된다. 그러나 대마도가 부산에 "왜관"을 가지고 있는 의미보다 부산이 대마도를 가지고 있다는 의미가 더 옳은 것이다.[5]

Ⅲ. 古文書를 통해본 대마도

1. 고려의 곡물 원조를 받은 대마도

대마도는 악산으로 되어 있는 섬이라 농작물을 재배할 수 없는 척박한 땅이다.

고려 공민왕 17년(1368) 대마도주가 도민들이 굶어 죽게 되자 백미를 청구했다. 그때 강구사(講究使) 이하생을 대마도로 보낼 때 백미 1,000석을 주었다.

고려시대까지는 부산(富山浦)은 '부자도시'라 대마도 주민들이 자주 들어 와서 곡물을 훔쳐가기도 했다.[6]

---

5) 「조선팔도지도」 원본은 부산 법연원이 소장하고 있고 사본은 필자가 소유하고 있다.
6) 연합뉴스 2006년 4월 14일 보도.

대마도 주민들이 조선에서 식량을 구하지 못하면 굶어 죽을 형편이라 조정에 자주 원조를 청해야 했다.

조정에서 충신들이 대마도 주민들의 원조사업으로 불만을 품고 있을 때 태종(太宗)임금께서도 "대마위, 예어 경상도지계림, 본시아국지지, 재재문적, 소연가고(對馬爲, 隷於 慶尙道之鷄林, 本是我國之地, 載在文籍, 昭然可考)"[7]라 했다.

다시 말해서 "대마도는 경상도의 계림에 예속하고 본래 우리나라 땅이라는 것이 문적에 실려 있음을 분명히 상고해야 한다"[8] 라고 설명하면서 대마도 도민들이 조선인이고 조선 땅이라는 것을 중신들과 백성들에게 밝힌 바 있다.

1719년 (통신사 제9회) 조선통신사 일행이 부산을 거쳐 대마도에 들어가서 접대를 받을 때 대마도 도주와 통신사 단장인 정사(正使) 홍치중(洪致中)과 좌석 배치로 다툼이 있었다.

대마도 도주의 비서관이 도주의 자리가 상석이라야 한다고 주장할 때 조선통신사 일행 제술관(製述官)인 신유한(申維翰)은 조선통신사 단장이 상석에 앉아야 한다며 마찰이 있었고, 도주가 연회장에 늦게 들어올 때 대마도관인들은 통신사 일행도 모두 일어나서 도주를 맞이하여야 한다는 의견으로 통신사를 접대할 때마다 다툼이 있었다.

그때 신유한 제술관은 "그러한 연유로 이 섬은 조선의 일주에 지나지 않는다."(『然らず この 島中は 朝鮮の 一州にすぎない』)라고 호통을 친 적이 있다.

다시 말해서 '틀림없이 이 섬(對馬島)은 조선의 주현(州縣)이 아닌가' 라고 강하게 주장한 적이 있었고 도주의 좌석 배치라든가

---

7) 김성일, 「許書狀官答」, 『해차록(海槎錄)』3권.
8) 시바료타로(司馬遼太郎), 『街道をゆく』1권 朝日文庫, 1995, p.149.

도주가 들어올 때 좌석에서 일어나는 습관을 고쳤다고 했다.[9]

2. 김성일(金誠一)의 보고서

김성일은 조정에서 중직을 맡은 자로 임진왜란이 일어나기 전부터 일본에 왕래하면서 사절단의 단장의 역할을 한 사람이다.

1590년(선조 23년) 무로마찌 막부(室町幕府)는 조선인 학자를 초청하여 조선의 문물을 전수 받았는데 그때 일행으로 김성일이 초청되어 일본에 갔다.

그는 일본에서 돌아와 보고한 「해차록(海槎錄)」에 보면 "대마도는 우리나라와 어떤 관계인가 물을 때 대대로 우리 조정의 은혜를 받아 조선의 동쪽 울타리를 이루고 있으니 의리로 말하면 군신 지간이요. 땅으로 말하면 조선에 부속된 작은 섬이다."라고 했다.

3. 교지(教旨)의 내용 분석

대마도가 우리 부속섬이라는 증거는 교지(教旨)를 보고 알 수 있다. 교지는 국왕이 신하에게 내린 관직이다. 대마도는 우리 부속영토니까 대마도에 교지를 수 십 차례 내렸다.

지금도 대마도의 일본 사료관에 40여 통을 확인할 수 있다. 이번에 수집된 관직 임명장은 대마도 무사들에게 내린 교지이다. 1555년 5월에 내린 무사 임명장은 타이라 마쓰지(平松次)에게 내

---

9) 시바요다료(司馬遼太郎), 「街道をゆく 1권」, 1995, p.149.

07 | 관직수여 교지　　　　08 | 관직수여 교지

린 것이다. 내용을 번역해 보면, "평송차무사(平松次武士)께 승의부위(昇義副尉) 호분위사맹(虎賁衛司猛)을 수여한다."는 내용이다. 승의부위는 무사란 뜻이고 호분위사맹은 무사 중에서 최고 직위에 해당하는 계급이다. 교지의 크기는 74cm×94cm의 조선 임금의 옥쇄가 찍혀있다.

다음의 교지도 1569년 8월에 내린 것인데 대마도 무사 노부도끼라(信時羅)에게 무사의 관직을 수여한다고 기록 되어 있다.

이상과 같이 두 교지를 보아서 알 수 있는 것은 수직(受職)임명이다.

대마도는 기록상으로 우리의 영토이며 조선의 부속 섬인 것을 분명하게 입증하는 것이다.[10]

---

10) 「경남일보」, 2009년 11월 11일 보도.

Ⅳ. 언어를 통해본 대마도

대마도 원주민들이 한글을 사용한 동기에 대해 옛날 아마노 오모이카네신(天思兼神)이 대마도 원주민 우라베 아히루(卜部阿比留)씨족에게 전해져 사용되었으며 아히루씨족은 대마도 원주민으로 지금도 후손들이 대마도에 살고 있다.

대마도 원주민들이 사용한 한글은 모음과 자음이 합쳐져 한 글자를 이루고 표기는 한글이지만 뜻은 일본어이다. 또 어떻게 해서 글이 이루어졌는지 원리도 기록되어 있으며, 한글을 아히루(阿比留) 글이라 하고 신사에 걸려 있으며, 아히루의 원 직업은 신사의 직분을 가진 자들이다.

따라서 "대마도는 고려시대부터 조선시대까지 통치권을 우리 조정에서 가진 것으로 문헌을 통해 알 수 있지만 대마도의 원래 모

09 | 1876년 일본에서 발견된 '일문전' 이란 문헌에 한글과 유사한 문자들이 기록돼 있다.
세종대왕 한글창제 이후 사용, 표기는 한글, 뜻은 일본어

국어는 한글이었다.

"일본인들은 대마도 원주민의 언어를 고대시대에 사용했다고 주장하고 있지만, 세종대왕이 한글을 창제하고 난 이후부터 사용한 것으로 보인다.[11]

1. 우라베 아히루(卜部阿比留)문자

대마도 우라베 씨족들이 우리 한글을 사용하면서 「아히루」문자를 전했다고 한다.(히라다 아쓰다네 平田篤胤 「日文傳」참조) 아히루 문자를 처음 연구한 국학자는 히라다 아쓰다네이다. 히라다 국학사상이 명치유신으로 계승해 갔지만 아히루 문자는 조선의 한글이고 조선의 부속섬인 대마도 도민들이 사용한 글이다. 국학자 히라다 아쓰다네는 불교에서 나온 한자 일본어를 버리고 신도사상을 일으킬 조짐으로 배불운동을 일으킨 자이다.[12]

명치유신은 종교적으로 볼 때 신도사상의 부활이고 경제적으로는 부르조아 자본주의 운동이라고 한다.

10 | 우라베 아히루
(卜部阿比留)문자

언어적으로 볼 때 아히루 문자, 문자개혁이라고 할 수 있다. 다시 말해서 명치 정부의 주체 인물들은 우리 글인 대마도 아히루 문

---

11) 졸저, 「일본고대문자연구 -신대문자는 우리 한글이다-」, 형설출판사, 1992, p.12.
12) 平田篤胤, 『神字日文傳』上券, p.12.

11 | 아히루문자로 된 「고사기」

자를 사용했고 아히루 문자를 가지고 고대사, 사료집을 만들기도 했다. 고사기(古事記)는 일본 고대 사의 가장 귀중한 역사서이다. 고사기를 우리글인 대마도 아히루 문자를 가지고 번역했다. 번역된 고사기는 각 기관이나 공공단체에 배부하기도 했다.

2. 오늘날 일본에 있는 아히루 문자

일본에는 70만 개의 신사가 있다. 신사는 3가지 종류가 있다.

하나는 천황을 섬기는 신궁(神宮)과 씨족을 섬기는 우지가미 신사(氏神社), 일러전쟁으로부터 태평양전쟁시까지 전쟁에 가서 죽은 전몰 장병의 혼을 섬기는 야스쿠니신사(靖國神社)가 있다.

대마도 아히루 문자를 사용한 씨족의 신사가 있다. 일본열도에 약 이천여 개나 된다. 아히루 문자인 우리 글을 섬기는 씨족신사이다.

그 중 한 신사를 소개하자면 오카야마(岡山縣) 구라시키(倉敷)에 있는 나가오신사(長尾神社)이다. 이 신사는 원래 도래인(渡來人)의 신사이다. 아마도 우리나라에서 들어간 대마도 사람이라 생

12 | 한글인 대마도 아히루 문자 "가무나가라(신이 걸어온 길)"라고 기록돼 있다.[13]

각된다. 이 신사 신문(神門)에 한글인 아히루 문자가 있다. 표기는 한글이고 뜻은 일본어이다.

3. 일본어 五十音은 대마도 언어, 한글이 원전

우리 한글이 일본 대마도에 들어가 대마도 원주민인 아히루(阿比留)족들이 사용했다. 그것이 아히루 문자이다.(사진자료참조)

아히루 문자를 보고 일본어가 되었다는 자원(字原)책이 발견되었다.

책명은 신자원(神字原)이며, 이 책은 1840년에 발행한 책자이

---

13) 졸저, 「神代文字와 長尾神社」, 『外大論叢』 12집, 부산외대, 1994, p. 213.

다. 신자원을 쓴 사람은 노노구찌 다카마사(野之口隆正)이다. 이 저자는 오오소쿠신사의 신주(神主)이다. 이 사람의 주장은 동료인 히라다 아쓰다네(平田篤胤)가 주장한 신대문자(神代文字)가 어떤 원리로 만들어졌는가를 잘 묘사한 것이다.

우리 글인 신대문자는 외규(外圭)와 중랑(中廊)에 중심(中心)인 글자가 원전(原典)이 되어 신대(神代)로부터 내려 왔다고 주장한다.

다시 설명 하면,

이렇게 해서 일본어 50음이 표기된다고 했다. 외규는 우주란 뜻이고 중랑은 일본국이라 표현하고 중심자원은 일본어의 모체가 된 우리 글이다.

일본어는 원래 우리 글을 보고 조작해서 일본신이 준 글이라 하고 신대문자라 했다. 신대문자가 다시 오늘날 일본어 히라까나, 카타까나가 되었다는 내용이다.

최초로 신대문자를 주장한 사람은 명치유신을 부르짖은 국학자(國學者) 히라다 아쓰다네(平田篤胤)이다.

히라다는 왕조국가(王朝國家)를 설립하기 위해 신도사상을 주장했다. 신도사상(神道思想)에서 명치유신의 가장 걸림돌이 되는 것이 불교와 유교에서 나온 한자와 히라까나, 가타까나 일본어였다.

한자와 일본어를 없애 버리고 대마도 아히루 문자를 쓰자고 백성들을 지도했다 결국 문하생 500여명이 명치유신을 일으키고 스승이 주장한 신도사상을 부흥시켰다. 음양오행설에서 만들어진 한글(대마도글)을 가장 알맞은 문자라하여 널리 사용했다. 오늘날

까지 신사에 많이 남아있다.

　세계에서 자랑거리가 되는 한글이 대마도 원주민도 썼고 일본어도 우리 한글을 보고 만들었다. 일본어가 우리 한글의 자원(字源)이 되었다는 것이 오늘에 와서 판명되었다.

　이 사료는 교토대학 문학부 고서적실에서 발견되었다. 표지에서도 표시되어 있지만 대출금지라 쓰여있고 도서관 문밖으로도 가지고 나갈수 없다(門外不出)라고 쓰여있다.

　이 책자는 지난 여름 교토대 방문시 발견하게 되었다.

　새로이 발견된 또 하나는 일본고서 중에서 가장 오래된 고사기(古事記)가 조선으로 발급된 것을 찾게 되었다. 고사기는 712년 나라(奈良)시대에 만들어진 일본 최초의 역사서이다.

　원래는 우리나라 왕인(王仁)박사가 한자를 전해 준 후 일본열도가 생긴 유래를 기록하기 위해 순 한자로 기록한 것이다.

13 | 오오소쿠 신자 사기

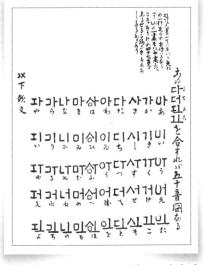

14 | 대마도 글 『한글』을 원전으로 하여 일본어 창제

15 | 대마도 글 『한글』을 가지고 일본어를 만드는 원리

앞장에서 설명했지만 다시 구체적으로 말하자면 일본 고사기가 대마도 말로 기록된 것은 명치유신이 단행된 다음해부터이다. 명치유신 정부가 왜 우리 글인 대마도 말을 가지고 귀중한 역사서를 출판 해야만 했는가, 명치유신의 이념은 무사정치를 버리고 왕조국가로 돌아가서 천황정치를 주장하는 것이다.

천황정치는 나라시대의 정치를 말한다. 나라시대 언어는 한자 뿐이었다. 한자는 불교에서 만들어진 언어라 명치유신 체제에는 맞지 않다는 것이다.

왜 맞지 않을까? 앞에 이미 말했지만 명치유신정신은 신도사상이다. 신도사상은 바로 천황사상이다. 신사에서 주로 사용한 대마도 언어가 유신체제에 가장 적당하다고 주장하여 귀중한 역사서(천황의 역사서)도 대마도글인 한글을 가지고 편찬했다. 정부가 출판하여 관공소에 보내고 대마도 글을 사용하도록 권고했다. 명치시대는 우리 글인 대마도 글을 일본 열도에 통용되었다고 주장했다.

그림에서 보는 바와 같이 우리나라 훈민정음과 같이 모음과 자음으로 만들어져있다.

예를 들면 자음 ㄱ+모음 ㅏ =가

일본어는 단음절이지만 조선어인 대마도언어는 이음절이다. 단음절과 이음절의 차이는 민족 언어로서 아주 큰 의미를 가지고 있다. 음양오행설에서 만들어진 훈민정음이 명치유신에 정신적 지주를 삼았으니 명치정부가 주장한 대마도인의 글, 한글이 모국어로 하자는 것은 무리가 아니다.

4. 가락국편년기(駕洛國編年記)

앞에서 말했듯이 대마도의 원주민은 백제인 아지기의 후손인 아히루씨족이 거주할 때 왜인들이 모여들기 시작했던 것으로 판단된다.

가락국편년기를 보면 "일시치영우대마도(日始置營于對馬島)"라 하니 가락국 6대 좌지왕 2년 신라국 실성왕년 408년에 일본인들이 대마도에 들어오기 시작했다고 기록하고 있다.(가락국편년기 8장)

가락국편년기는 일제통치하 다이쇼(大正) 13년에 편찬된 문헌이며, 이 시기는 일제강점기 황민화(皇民化)운동이 일어나던 해이다.

일제 총독부는 황국시민에 위배되는 문헌은 모두 불을 사르고 언론 출판을 탄압하던 때이다. 대마도는 가락국 신라국 조선영토 라는 것을 알고 있었기 때문에 가락국편년기는 탄압을 받지 않고 출판되었다고 할 수 있다.[14]

---

14) 金雲培, 「駕洛國編年記」, 大東印刷所, 大正13年, p.4.

V. 결론

지형이 가까운 거리에 있는 대마도는 대륙 문화권에 발전하였고 정치·사회문화는 조선의 영향을 받았다. 밝힌 바와 같이 고지도 고문서를 보아도 조선국의 지시를 받았다. 대마도 도민들의 삶은 대륙에 가까운 조선, 특히 경상도에 의존하지 않으면 살 길이 없었다.

대마도는 1245년 경까지 토착인들은 조선 사람이다. 백제 아직기(阿直歧)의 후손 아히루(阿比留)족으로 1245년 종씨(宗氏)의 세력에 의하여 아히루족이 멸망당했다.(한일관계사연구회「독도와 대마도」, p.183 참조)

멸망하기 전에 아히루 족은 한자의 이두 음으로 우리 글을 사용했고 세종대왕이 한글을 창제한 후에는 종씨들이 우리 글을 사용한 것으로 짐작된다.

한 가지 문제는 세종 이전에 글이 있었다. 단군 때 글이 세종 때 훈민정음을 만들었다는 설이 있다. 단군 때 한글이 있었다면 일찍이 대마도에도 한글을 썼다고 볼 수 있다.

그러나 한글의 창제는 언제부터인가 학계의 논란이 심하다. 대마도는 13세기까지 백제계인 아히루족이 살았다. 그리고 종씨가 지배한 후 수직(受直)통치는 속도(屬島)인 것이다.

이 밖에도 한국과 대마도와 관련해서 민속학적으로는 삼신할머니, 세시풍속, 설화, 장례 등의 연구가 필요하며, 문화사학적으로는 한반도 및 대륙 진출입을 위한 창구역할을 담당한 대마도가 일본 문화수용에 미친 영향과 잔존하는 한반도 문화 발굴을 위한 연구가 보다 다양하고 지속적으로 이루어져야할 것이다.

앞으로 일본이 「죽도의 날」을 이용하여 민족정신을 함양할 때 우리나라도 「대마도의 날」을 정하여 민족정신을 함양해야 한다.

* 이 원고는 한국일본학회 『일본문화확보』 제 45집에 (2010년 5월) 발표한 것을 일부 수정하였음.

| 참고문헌 |

金文吉, 『한일관계사』, 부산외국어대학교출판부, 2004.

金文吉, 『청산하지 못한 한일관계사』, 부산외국어대학교출판부, 2005.

織田武雄, 『地圖の歷史』, 講談社, 1973.

大林太良, 『世界の神話』, 日本放送出版社, 1976.

海野一隆他編, 『日本古地圖大成』, 講談社, 1975.

松本賢一, 『南蛮紅毛日本地圖集成』, 岩波書店, 1996.

応地利用, 『繪地圖の世界像』, 岩波親書, 1996.

김화홍, 『대마도는 한국땅』, 지와사랑, 2005.

서울대학교규장각, 「규장각소장 조선전도」, 도서출판 민족문화사, 2006.

辻垣異一・森洋久 共著, 「森幸安の描いた地圖」, 국제일본문화센터, 2003.

세계의 섬을 찾아가다

표류를 통해서 본
조선과 유구의 관계

이훈 동북아역사재단 독도연구소장

▲ 대마여지도(對馬與地圖)

표류를 통해서 본 조선과 유구의 관계

Ⅰ. 머리말

『海東諸國紀』에 따르면 한국과 琉球(오키나와)는 5,430리나 떨어져 있다.[1]

조선 전기의 항해 지식과 기술을 이용하여 항로를 따라 유구에 간다고 가정할 경우 편도 1년 이상을 소요하는 거리였다.[2] 누구나 손쉽게 갈 수 있는 거리라고는 할 수 없으며, 튼튼한 선체와 많은 경비를 요하는 일이었다. 이 때문에 조선도 유구에 직접 사자를 파견한 것은 2~3번 밖에 되지 않았다.[3]

그런데 이렇게 정부 차원에서의 사절단 파견도 쉽지 않은 상황에서 민간인들로서 유구와 조선을 오고 간 사람들이 있었다. 주로 '피로인'과 '표류민'이라 불리우는 변경 지역의 주민들이었다. '피로인'이란 왜구 활동이 활발하던 시기에 왜구에 붙잡혀 간 연해의 도서 주민을 일컬으며, 일본의 畿內·九州·대마도를 비롯

---

1) 신숙주, 『海東諸國紀』,「琉球國紀」道路里數.
2) 『연산군일기』권28, 연산군 3년 11월 20일(정사).
　　실제로 1479년(성종 10)에 유구에 표착했다가 귀국한 김비의 일행은 유구인에 의해 구제되어 鹽浦로 돌아오기 까지 1년 가까이 소요되었다(『성종실록』권105, 10년 5월 16일(신미)·10년 6월 10일(을미)).
3) 조선 전기 조선과 유구 양국이 정부 차원에서 직접 통교하던 시기, 유구 사절단의 조선 파견은 50여 회로 비교적 파견이 빈번했지만, 조선에서는 2~3번 밖에 유구에 가지 않았는데, 비용과 위험이 주요인이었다.

하여 유구에도 있었다. 이들 가운데 유구 상선의 수부가 된 조선
인들은 동남 아시아 여러 곳을 왕래하며 '고레스(Goress)' 라 불리
우기도 했는데,[4] '고레스' 는 16세기 유럽인에게 유구인으로 알려
져 있기도 했으므로,[5] 이 명칭 만으로도 조선인 피로인의 행방을
짐작할 수 있다. 이에 비해 '표류민' 이란 항해 도중 태풍이나 해
류 등의 해난사고로 인해 표류를 거듭하다가 낯선 곳에 표착한 사
람들로, 조선과 유구의 연안 포구에 표착한 양국의 변경 주민들은
왜구활동이 소강상태에 접어들면서 본국으로 송환되어 왔다. 이
러한 '피로인' 이나 '표류민' 은 그 표현에서도 알 수 있듯이, 움직
임 자체가 자의적인 것은 아니었으나, 어떤 형태로든 전근대 동아
시아 각 지역의 변경 주민의 이동이 있었으며, 또 접촉이 있었음을
시사하고 있다.

　　유구는 조선과 통교·무역의 기회를 확대하기 위해 피로인·
표류민을 그들의 사행편에 동행시켜 오거나 또는 사자를 따로 세
워 송환해 왔다. 그러나 17세기에 들어와 조선과 유구간에 정부
차원에서의 통교가 단절된 시기에는, 유구가 대외적으로 일본(薩
摩藩) 및 중국에 양속되어 있었기 때문에 송환 절차가 변경되기는
했으나, 양국민의 표착과 송환만은 지속되고 있었으며, 조·유간
교류 그 자체였다.[6] 명·청 교체 이후 중국 주변국간의 교린관계

---

4) 孫弘烈,「麗末鮮初 被倭浮虜의 刷還」,『史叢』19, 1975, p.119.
5) 眞榮平房昭,「環中國海における琉球の交易品と流通經路」,『環中國海の民俗と文化』
　　1, 海洋文化論, 1993, pp.332~333.
6) 피로인·표류민의 송환을 소재로 조선·유구 양국 관계의 기원과 전개 양상·단절,
　　나아가서는 동아시아 통교관계 및 체제를 밝힐수 있는 계기로 이해한 연구로는 이훈
　　(「조선후기 漂民의 송환을 통해서 본 朝鮮·琉球관계」,『史學志』27, 1994), 이원순
　　(「『歷代寶案』을 통해서 본 朝鮮 前期의 朝琉관계 -직접 통교기를 중심으로-」,『국사
　　관논총』65, 1995), 손승철(「조선전기 對琉球 交隣體制의 구조와 성격」,『서암 조항
　　래교수기념한국사학논총』, 1992), 하우봉(「조선전기의 對琉球關係」,『국사관논총』
　　59, 1994), 양수지(『朝鮮·琉球관계연구 -조선전기를 중심으로-』, 정신문화연구원 박
　　사학위논문, 1993) 등이 있다.

가 단절되었다고 하지만, 조선과 유구의 변경 주민의 표착과 상호
송환이 엄연한 역사적 사실로서 존재하고, 또 교류의 중심을 이루
고 있었던 만큼, 표류민 송환은 17세기 이후 조·유관계의 성격과
나아가서는 중국을 둘러싼 주변국간의 국제관계가 어떤 성격의
것이었는지 까지도 밝힐 수 있는 계기가 될 수 있다. 뿐만 아니라
표류민은 그들 자신은 물론, 송환 당국에 있어서도 이질적인 문화
와 접촉하고 상대방에 대한 정보를 축적할 수 있는 창구이기도 했
다. 따라서 표류민의 발생 경위와 송환 절차·접촉 양상을 살피는
것은 조·유관계의 실태를 살필 수 있는 아주 좋은 소재라고 할 수
있겠다.

II. 조선 후기 동아시아 국제관계의 변화와 조·유 양국 표류민의 상호 송환

1. 동아시아 국제관계의 변화

조선과 유구 관계는 15세기 중엽 이후 조선의 대일정책과 왜구
의 정치적 안정으로 대리사절이나 위사가 출현하기는 했으나, 조
선과 유구 정부가 주체가 되어 통교·무역을 하고 피로인·표류
민을 송환하는 등, 정부 차원의 교류가 중심을 이루었다. 특히 조
선인 피로인과 양국 표류민 등의 변경 지역 주민이 상호 송환될 수
있었던 것은 이러한 적극적인 통교 의지가 있었기 때문에 사절왕
래에 부수적인 형태로나마 가능했었다. 그러나 16세기 후반부터
는 이러한 관계가 쇠퇴하기 시작하여 17세기 중반에는 아예 정부
차원에서의 통교·무역이 중단되어, 그 이전과 같이 외교문서를

교환하는 일도 없어지고 만다. 양국간에는 변경 주민의 표착과 상호 송환이 유일한 문제로 남게 되었으며, 이는 19세기 중엽까지 지속되었다.

조선·유구관계의 이러한 변화는 일본의 성장과 1592년의 임진왜란, 17세기 중반 중국에서의 명·청 교체라는 정치적 변동으로 인해 동아시아 각 지역의 역학관계에 큰 변화가 생겼기 때문이다. 표류민의 송환에 있어서도 그 이전과는 다른 방법을 모색하지 않으면 안되게 되었다.

조선의 유구에 대한 인식이 달라지는 것은 아마도 임진왜란을 전후하여 유구와 일본의 관계 변화가 결정적이었던 것 같다. 임진왜란을 전후하여 조선과 유구는 일본에 대한 공동방어라는 측면에서 일시적이나마 긴밀한 관계를 유지하였다.[7] 유구가 조선인 표류민을 송환해 온 것도 그러한 이유로 1546년 이후 표류민의 송환이 전혀 없다가 임진왜란 직후 1594년에 조선인 표류민을 데려왔다. 그러나 유구는 이때 별도로 사자를 세우는 대신 明에 파견된 조선의 冬至使편에 송환해 왔다.[8] 유구가 조선인 표류민을 송환할 경우, 직접 사자를 세우거나 또는 일본의 대리사절에 의뢰하든, 어느 경우에도 薩摩(사츠마)·九州 해역을 거쳐 대마도를 경유해야 했다. 사츠마는 임란 직전부터 유구를 침략하려 했으며, 사츠마·큐슈·대마도가 모두 참전 지역이었기 때문에 일본 경유의 송환루트는 위험했을 것으로 생각된다. 그러나 한편으로는 명이 안보 등의 이유로 주변국간의 교류에 대한 동향 파악에 관심을 갖고 있었으며, 1530년대 이후 조선과 유구 양국 표류민의 북경 경

---

7) 양수지, 앞의 논문, pp.126~128.
8) 양수지, 앞의 논문, p.170.

유 송환을 적극 권장하고 있었기 때문에 명을 통해 우회송환해 왔다.[9] 즉 일본의 성장과 침략으로 인해 유구는 표류민을 명을 통해 우회송환하는 수 밖에 없었으며, 이는 1612년까지 계속되었다.[10]

　그러나 조선은 유구가 조선에서 너무 멀리 떨어져 있는데다, 임진왜란을 전후한 시기 이미 여러 정보원을 통해 유구와 사츠마·일본 중앙정권(토쿠가와 막부)과의 관계를 확인하고 있었기 때문에, 조선은 유구를 안보적 측면에서 동맹국가로 삼는 것에 대해서는 회의적이었다. 일찌기 1595년부터 유구가 일본의 사츠마번과 稱臣관계에 있으며,[11] 토요토미 히데요시(豊臣秀吉)가 유구를 정복하려는 의사를 갖고 있었음을 탐지하고 있었다.[12] 그리고 1612년에는 유구 국왕이 明을 통해 광해군 앞으로 보낸 국서를 통해 유구 국왕이 1609년 사츠마번의 공격으로 포로로 잡혀가 3년만에 풀려난 사실도 알고 있었다.[13] 또 1617년에는 임진왜란시 일본에 포로로 잡혀갔던 진주 유생 愼應昌의 조사를 통해 유구의 사츠마 복속을 알고 있었다.[14] 이에 조선은 계속해서 조·유 연대를 요청하는 유구측의 국서(자문)에 형식적으로 응수할 뿐이었으며, 1638년을 마지막으로 조선과 유구측의 외교문서 교환은 더이상 이루어지지 않았다. 소위 '私交之交'가 단절된 것이다. 그러나 여기에는 명의 멸망 이후 조선의 청에 대한 배려도 있었을 것으로 생각된다. 1645년에는 청이 일본과의 통교 개시를 위해 중국에 표착한 일본인을 조선을 통해 송환하는 노력을 보이던 때였다.[15] 조선

---

9) 양수지, 앞의 논문, pp.123~126.
10)『光海君日記』권57, 광해군 4년 9월 9일(경자).
11)『선조실록』권59, 선조 28년 1월 계묘.
12)『선조실록』권60, 선조 28년 2월 계축.
13) 양수지, 앞의 논문, p.128.
14)『備邊司謄錄』광해군 9년 1월 9일, 신응창 供辭.

이 일본을 상대로 유구와 연대를 강화하는 것에 대해서는 청의 오해를 살 수도 있었으므로 유구와의 통교를 계속하는 것에 대해서는 신중을 기하지 않을 수 없었을 것이다. 이런 가운데 1609년 유구의 사츠마 복속 및 1684년 청의 대외정책은 유구가 조선인 표류민을 송환해 오는데 중요한 변수로 작용하게 되었다.

2. 조선인의 유구 표착과 송환

임진왜란 이후에도 조선인은 여전히 유구에 표착했으며, 유구는 이들을 송환해 왔다. 우선 〈표 1〉을 보면, 조선인들의 유구 표착은 겨울(12~3월)이 많았다. 그러나 여름에도 태풍이 부는 때에는 표착사고가 발생하였음을 알 수 있다. 조선인들은 이 계절풍의 영향으로 유구의 硫黃鳥島(류오도리지마)에서부터 永良部島(에라부지마)·慶良間島(게라마지마)·久米島(구메지마)·宮古島(미야코지마) 및 타이완이 육안으로도 보일 정도로 가까이 있는 유구의 남단 八重山島(야에야마지마)에까지 표착한 것으로 보인다.

표류민의 출신지를 보면 역시 제주 주민이 가장 빈번하게 해난사고를 당하고 있으나, 전라도의 무안·해남·진도·영암 주민들의 사고도 점차 빈번해지고 있다. 그러나 이들 역시 뭔가의 이유로 전라도와 제주를 오가는 동안에 해난사고를 만난 것으로 이해되며, 제주 해역이 사고 다발지역이었던 것을 짐작할 수 있다.

표류민들 가운데는 여성이 함께 타고 표류한 경우가 더러 있어

---

15) 『비변사등록』 4(국역, 국사편찬위원회 간행, 1990), 인조 23년 12월 22일·24년 1월 5일 ; 『인조실록』 권47, 인조 24년 1월 기유.

서 표류 경위가 의심스러운 경우도 있다. 1662년에 송환된 전라남도 務安 東面 都津 거주 어민은 1661년 7월 21일 救荒에 쓸 黃角을 채취하기 위하여 私奴 難同・瓦伊 등이 처자를 거느리고 남녀 18명이 1척의 어선에 타고 출항했다가 8월 13일에 유구에 표착했다.[16] 1662년 6월, 기근을 피해 제주도에 가서 걸식이라도 하려고 배를 탔다가 10월에 유구에 표착한 전라도 海南 品官 金麗輝・李挺時・南仁일행 32명 가운데에도 여성이 있었다.[17] 그리고 1669년 3월에 유구에 표착한 전라도 어선 1척에 탄 21명 가운데 여성이 포함되어 있었으며[18] 1733년 유구의 게라마지마(慶良間島)에 표착한 경상도 남녀 12명 가운데에는 임산부도 있었는데, 유구에 체류하는 동안에 남아를 출산하였다.[19] 표류민들 가운데 여성과 어린이, 특히 임산부가 포함되어 있었다는 것은 귀국 후 문정 과정에서 말하듯이 단순한 어로 이상의 다른 요인이 있지 않았을까라고 생각된다. 유구측의 후대를 노린 기아민들이나 밀무역의 부류들이 의도적으로 표류를 선택한 경우도 없지 않았을 것이다. 1833년 聖節使로 淸에 파견된 정사 徐耕輔는 청으로 이송된 전라도 제주 표류민(高成尙) 등 26명을 만나본 후, 남쪽 섬(유구)에서의 후대를 겨냥하고 의도적으로 표류해 간 「故漂」로 인식하고 있었으므로,[20] 표류가 단순한 해난사고가 아니었을 수도 있다.

다음으로, 송환횟수를 보면 임진왜란 이후부터 유구의 송환이 마지막으로 있었던 1868년까지 270여 년 동안에 34건 정도의 송

---

16) 『漂人領來謄錄』 1, 제2책 pp.364~382(규장각자료총서 금호시리즈대외관계편, 1993).
17) 『漂人領來謄錄』 1, 제2책 pp.397~400.
18) 『漂人領來謄錄』 1, 제2책 pp.497~506.
19) 『沖繩縣史料』 전근대 5, 표착관계기록.
20) 金景善, 『燕轅直指』 권3, 留館錄 상, p.300(국역 『燕行錄選集』 10).

환이 있었다. 어림잡아 10년 만에 1번 꼴로 송환되어 오는 셈이다. 그러나 이 시기에 들어오면 유구 정부가 조선인 표류민을 송환하기 위해 이들을 구매했다는 기록은 보이지 않으며, 송환은 원만하게 이루어졌던 것 같다. 단 1638년 이후 조선과 유구간에 소위 「無私交之禮」라 하여 직접 통교가 중단되고,[21] 또 유구가 중국 및 일본에 양속됨으로 해서 조선인 표류민들이 일본이나 중국을 통해서 우회송환되는 것이 특징이라고 하겠다.

〈표 1〉을 보면, 1594년 이후 1662년에 전라도 무안사람들이 송환될 때까지 유구로부터의 조선인 송환은 없었던 것 같다. 1662년

표 1 | 조선인의 유구 표착과 송환

	표착 시기	송환 시기	표착지	출신지, 인원	표류 이유	송환 방법	송 환 자		비고
							문서 명의	송환 사자	
1		1594.3	유구	조선		明	유구 국왕	(동-지사)	
2	1661.8.13	1662.6	유구	전라 무안 남녀 18명	黃角 채취	薩摩-長崎 -對馬	대마 번주	平成知	
3	1662.6	1663.6	유구	전라 해남 김려휘 등 남녀 28명(4명 익사)		〃	〃	橘成利	
4	1669.3.15	1669.7	유구 永良部島	전라 해남 21명		〃	〃	藤久利	
5	1697.9.8 1697*	1698	유구 (古米山지방)	전라 영암 안민남, 8명	漁採	복건-북경 (유구 접공선)	淸 禮部	(領曆官) 李興書	
6	1714.8.19 1715*	1716	유구 (安田浦지방)	전라 진도 김서 9명		〃 (유구 進貢使)	〃		
7	1726.3.28 1726*	1728	유구 (烏岐奴지방)	전라 제주 손응성, 9명	貨賣	〃	〃	(進貢使) 洛昌君	
8	1733.11	1735	유구 慶良間島 (馬齒山)	경상 서후정, 남녀 12명 (任婦 1명 포함)	어채	福建-北京 -襄州 (유구 馬艦船)	〃	(差通官)	

---

21) 「報濟州漂泊琉球國人轉解咨」, 『東文彙考』 4, 국사편찬위원회, p.3599.

9	1739*	1741	유구 (德之島)	전라 영암 소안도 강세찬, 20명	복건-북경 (유구 접공선)	〃		(韓壽嬉)	
10		1770	유구						
11	1779*	1780	유구 (大島)	전라 영암* 이재성, 12명	복건-북경 (유구 접공선)	〃			
12	1794.1.29 1794*.1.30	1795	유구 (山北지방)	전라 강진 안태정, 10명	복건-북경 -의주 (유구 접공선)	〃		(差通官)	
13		1796	유구	황해도 장연 장삼돌, 7명	복건-북경 (유구 접공선)	〃		(年貢使)	
14	1796*	1797	유구 (大島)	전라 강진(제주?) 이창빈, 10명 (익사 4)*	〃 (유구 진공선)	〃		(領曆官)	
15	1802*	1804	유구 (大島)	전라 흑산도 문순덕, 4명 (전라牛耳島 문덕겸, 6명)	〃 (정세준- 都通事)	〃		(년공사)	표해록 (정약전)
16	1814*	1816	유구 (太平山)	전라 천일득, 7명 (사망 1명)*	복건-북경 -의주 (馬超群)	〃		(차통관)	
17	1814*		(宮古多良間)						
18	1825*	1826	유구 (大島笠利郡)	전라 해남 황승건, 5명	복건-북경	淸 禮部		(절사)	
19	1827*	1829	(勝連津堅 -泊)	전라 제주(해남) 김광현, 12명 (손성득, 12명)	〃	〃		(절사)	
20	1831.12 1831*	1833	유구伊江島 (伊江島)	전라 제주 고성상, 26명 (사망 7명)	〃	〃		(절사)	
21	1832*	1834	유구 (八重山 平久保)	이인수 (전라 전주 이인수, 12명 사망 9명)	복건-북경 -의주	淸 禮部		(差通官)	
22	1832*		(八重山 川平)	(전라 해남 안순경, 8명 사망 2명)					
23	1833*	1837	(八重山 與那國)	손익복 (전라 해남 손익복, 9명 사망 3명)	복건-북경 -의주	청 예부		(차통관)	
24	1835*	1837	유구 (姑米島)	이계신 (전라 강진 이계신, 10명 사망 6명)	(年貢使)				
25	1836*		?	(이명덕)					

26	1841*		(葉壁山)	(전라 흑산 이광암, 11명 사망 3명)				
27	1849*	1851	불명 (德之島)	임상일 (전라 강진 임상일, 7명)				
28	1853*		대만 淡水	(전라 강진 양세광)				
29	1854*	1855	불명 (大島)	양학신 (전라 강진 양학신, 47명 사망 41명)				
30	1855*	1857	불명 (葉壁山)	한치득 (전라무주리 한치득, 3명)				
31	1856. 9.23*	1859	불명 (鳥島)	김응채 (전라 강진 김응채, 6명)	漁獵	복건-북경		
32	1860*	1861	불명 (葉壁山)	양맹득 (전라 강진 양맹득, 9명)				
33	1865*	1866	불명 (大島)	문백익 (전라 해남 문백익, 15명)				
34	1868*		(久米島)	(조선국 6명)				

* 또는 ( ), 유구측 기록에만 있는 것.
** 위의 표는 이훈, 「조선후기 표민의 송환을 통해서 본 朝鮮 · 琉球관계」(『사학지』 27, 1994), 池内敏, 「近世
朝鮮人の對日認識論ノート」(『歷史學硏究』 678, 1995) 참조 작성.
*** 『조선왕조실록』, 『동문휘고』, 『통문관지』, 『표인영래등록』, 『沖繩縣史料』, 『歷代寶案』, 『琉球評定所文書』 참고.

의 경우 유구는 조선인들을 일본을 경유해서 송환하였다. 유구는
1609년 일본의 薩摩藩(사츠마)에 복속된 이래 정치적으로는 시마
즈(島津)씨의 영지이면서 대외관계에 있어서는 「異國」으로 취급
되고 있었다. 따라서 유구가 대외관계에 있어서 발휘할 수 있는
권한은 막부가 사츠마번에 허용한 범위(日琉관계) 안에서만 가능
한 극히 제한적인 것으로, 진공무역에 관한 것만이 해당되었다.
따라서 외국인 표류민은 나가사키(長崎)로 보내져 막부가 처리하
였다.[22] 조선인은 유구에 표착한 경우라 하더라도 유구측이 사자
를 세워 사츠마번으로 호송하면, 사츠마번은 이를 인수한 뒤 막부

의 직할도시인 나가사키(長崎)로 보내 대마번에 넘겨 조선으로 송환하는 절차를 밟았다. 소위 막번제 하에서의 조·일간 표류민 송환 체제에 적용되었던 것이다. 유구 표착 조선인이 「유구 → 사츠마번 → 나가사키(長崎) → 대마번 사자 → 부산 倭館」이라는 경로를 통해서 송환되는 것은 1697년까지 계속되었다.

이렇게 유구에 표착한 조선인이 일본의 나가사키를 거쳐서 대마번에 의하여 송환된다는 것은, 조선전기 유구 국왕의 명을 받은 사자가 직접 조선에 송환하거나 明을 통하여 송환하던 관행에 비추어 본다면 상당히 달라진 것이었다. 그러나 조선은 유구의 송환절차에 대해 문제삼지는 않았다. 임진왜란을 전후한 시기 유구와 일본의 관계 및 유구가 사츠마번에 복속되었음을 확인한 후였기 때문에, 유구의 우회 송환을 문제삼아 일본을 자극할 필요는 없었다고 생각된다.

그러나 위와 같은 송환절차가 언제까지 계속되었던 것은 아니며, 1698년 이후부터는 송환 절차가 다시 달라지고 있다. 〈표 1〉을 보면, 유구는 1698년 이후부터는 淸을 경유하여 표착 조선인을 조선으로 송환해 왔는데, 이는 유구에 표착한 외국인의 표류민 송환 루트 정비와 관련되어 있었다. 淸은 「三藩의 亂」 평정 후 鄭氏의 항복으로 반청세력이 소멸되자, 1684년 중국 선박이 중국 본토에서 직접 나가사키로 갈 수 있도록 하였다. 즉 중국 상선의 해상활동으로 표류·표착사고의 증가가 예상되는 상황에서, 중국은 중국의 표선을 유구가 보호·송환하여 직접 중국(福州)으로 송환해 줄 것을 요청했던 것이다.[23] 유구측 입장에서 볼 때 중국이나 청에 진공할 가능성이 있는 나라(조선)의 표류민을 나가사키로 보

22) 荒野泰典, 『近世日本と東アジア』, 東京大出版會, 1988, pp.133~135.
23) 『歷代寶案』 1-7 및 1-15.

낸다고 하는 것은 청에게 유구·일본관계를 드러낼 염려가 있었
다. 이에 유구 국왕(中山王)은 1696년 유구에 표착하는 외국의 선
박 가운데 南蠻船이나 또는 宗門에 의심이 가는 선박(기독교인지
아닌지)은 이제까지처럼 나가사키로 보내되, 그 밖의 선박은 나가
사키를 거치지 않고 곧바로 유구국에서 淸의 福州까지 보냈으면
한다는 취지를 사츠마(薩摩) 태수를 통해 토구가와 막부에 문의한
바 있다. 막부는 유구의 청원대로 1696년 외국선을 유구에서 직접
청의 福建으로 송환할 수 있도록 허락할 것을 사츠마 태수에게 지
시하였는데,[24] 이는 막번제적 표류민 송환절차로부터는 벗어나는
것이었다. 유구는 이 조치로 琉·日 및 琉·薩복속관계를 청에게
은폐할 수 있었으며, 대외적으로는 독자적인 '왕국'으로서 중국
과의 책봉·진공관계를 지킬 수 있었다.

　이 조치로 유구에 표착한 조선인들이 淸을 거쳐서 조선에 처음
으로 송환되는 것은 1698년으로, 외교문서나 송환 경비에도 변화
를 가져왔다. 유구는 接貢船편에 조선인 표류민(전라도 迎安村의
거민 18명)을 먼저 福建성으로 데려 와 복건성의 관리에게 이들을
인계한 후 조선에 송환시켜 주도록 청원하였다. 이 때 송환에 관
한 외교문서는 淸의 禮部 명의로 작성되었다. 즉 유구의 청원에
따라 조선인 표류민을 북경으로 데려와 청의 冊曆을 받으러 온 조
선의 사자(李興瑞)가 귀국할 때 함께 보낸다는 내용의 咨文이었
다.[25] 조선인 송환에 관한 외교문서는 조선인 사자편에 송환하든,
또는 청의 통역관이 국경까지 호송해 오든 어느 경우를 막론하고,
유구 국왕이 조선국왕에게 직접 문서를 발송하지는 않았다. 淸 禮

---

24) 『崎陽群談』(中田直易.中村質 校訂, 日本史料叢書 10, 近藤出版社, 1974)
25) 『同文彙考』 2, 「禮部知會琉球國轉解漂民順付咨官咨」, p.1251(국사편찬위원회 간
　　행본).

部에서 작성한 咨文이 조선으로 전달되었는데, 이러한 절차는 유구가 조선인을 마지막으로 송환해오는 1868년까지 지속되었다.

한편 송환 비용을 보면, 조선과 유구는 직접 통교하지는 않았지만 유구에 조선인이나 중국인의 표착 사례가 증가함에 따라 이들에 대한 취급에 대한 지침이 점차 정비되어 갔다. 송환 비용은 어느 경우이건 無償이었다. 먼저 임란 직후 유구는 1594년 명을 통해 조선인을 우회송환하고 있으나, 이 경우 사료의 부족으로 경비 부담 내역까지는 알 수 없다. 그러나 아마도 유구에서 명까지는 유구가, 명에 입국한 후부터 조선과의 국경까지는 명이, 조선에 입국한 후에는 조선이 부담했을 것으로 생각된다. 유구의 사츠마번 복속 이후 송환되는 조선인은(1662 · 1663 · 1669년) 나가사키 경유라는 막번제적 표류민 송환체제에 규제를 받는 만큼, 표류민의 송환 비용도 이에 규정받는 것이었다. 표착지인 유구에서 표류민 구조 및 체재에 드는 비용은 유구가, 표류민을 인계받은 사츠마번은 사츠마에서 나가사키까지의 비용을, 나가사키 체류 및 대마도 이송까지는 막부가, 대마도에서 조선으로 송환하는 것은 대마번이 부담하였다.[26]

그리고 1696년 이후 유구에 표착한 외국인의 송환절차가 변경되면서부터는 조선인이 본국으로 송환될 때 까지의 비용을 유구와 청이 분담하였다. 먼저 표착지에서 조선인 표류민의 구제를 비롯하여 유구에 체재하는 동안에 드는 비용과 淸의 福建省으로 호송할 때 까지의 비용은 유구가 부담하였다. 예를 들면, 유구는 1733년에 표착한 전라도 표류민에 대해 1인 1일을 기준으로 中白米 7合 9勺(琉球升)을 지급했으며, 생선 · 담배에 이르기까지 11종

26) 이훈, 「조선후기 漂民의 송환을 통해서 본 朝鮮 · 琉球관계」, 『史學志』 27, 1994.

류에 이르는 물건을 지급하였다.[27] 조선인은 수시로 의복과 식량을 비롯하여 빗·머릿기름·牛皮·갓끈에 쓸 물건·燈火용의 기름 등의 일상용품, 또 우울한 외국생활을 달래기 위해서인지 소주(泡盛)를 지급해 주도록 요청하였는데,[28] 유구는 조선인들이 청구한 위의 물건들을 거의 대부분 지급해 주었다.[29] 이밖에 조선인을 청으로 보낼 때에도 항해 도중 선상에서 소요되는 경비로 쌀·야채·薪木 등을 지급하였다.[30] 유구의 조선인 표류민에 대한 대우가 나쁘지는 않았던 것 같다. 한편, 유구의 배편으로 淸의 福建에 도착한 조선인을 북경으로 이송하는 비용은 淸이 부담하였다. 청에 들어와 있는 조선정부의 사행이 없어서 청이 조선인들을 북경에서 조선 국경지방까지 호송해야 하는 경우에는 그 구간에 드는 호송비용 까지도 청의 戶部가 부담하였다.[31]

이상에서 유구에 표착한 조선인 표류민은, 유구가 막번제 하에서의 표류민 송환절차를 적용시켜서 송환해 오건, 또는 1696년 이후의 송환절차에 적용시켜서 데려오건, 어느 경우에도 그 비용을 조선에 청구하지는 않았으며 無償으로 송환되었음을 알 수 있다.[32]

그러나 조선측에서는 유구의 표류민 송환에 대해 어떤 외교문

---

27) 『沖繩縣史料』 전근대 5, 표착관계기록, 「慶良間島漂着日記」 75번 각서.
　　이훈, 앞의 논문.
28) 『沖繩縣史料』 전근대 5, 표착관계기록, 「慶良間島漂着日記」 21·24·25·27·28번 각서.
29) 『沖繩縣史料』 전근대 5, 표착관계기록, 「慶良間島漂着日記」 21·58·59·71· 103번 각서.
30) 『沖繩縣史料』 전근대 5, 표착관계기록, 「慶良間島漂着日記」 78번 각서.
　　『沖繩縣史料』 전근대 5, 표착관계기록, 「慶良間島漂着日記」 75번 각서.
31) 이훈, 앞의 논문.

서나 답례 물품도 없었다. 1609~1695년까지 조선인이 나가사키를 통해 송환된 시기, 유구 표착 조선인은 막번제하에서의 송환체제를 적용받았으므로, 막부의 대조선외교를 대행하는 대마번의 사자가 조선인의 송환을 알리는 외교문서(書契)를 지참하여 왔다. 따라서 조선은 대마번의 사자를 일본에 표착한 조선인을 송환해 오는 「漂差倭」와 동일하게 취급하여 연향을 베풀고, 예조참의 명의로 答書(書契) 및 예물을 주어 답례했을 뿐이다.[33]

또 1696년 이후 송환 절차가 변경된 후에는 淸의 禮部 명의로 작성한 외교문서(咨文)가 조선에 전달되었기 때문에,[34] 유구 국왕의 명의로 조선국왕에게 보내는 자문은 없었다. 조선 역시 조선국왕이나 예조에서 유구 국왕이나 그에 준하는 기관 앞으로는 직접적으로 사의를 표하는 외교문서나 예물은 보내지 않았다. 유구에 대해서는 외교문서로서의 공문 대신에 私信만 있었을 것으로 여겨지며,[35] 조선도 유구로 직접 보낸 외교문서는 없었다. 표류민 송환에 대한 조선측의 謝意나 예물은 모두 淸으로 보내는 것이었다.

예를 들면 1698년에 송환된 전라도 사람들은 淸에 時憲曆을 받

---

32) 그러나 극히 일부이기는 하지만 표류민들의 임금노동으로 비용의 일부를 변상해 받은 흔적이 있음으로써 有償송환으로서의 조짐도 없지는 않았다. 1733년 유구에 표착한 조선인들은 1735년에야 조선에 송환되었다. 귀국할 때까지 무려 2년동안이나 유구에 체류한 셈이 되는데, 『沖繩縣史料』 가운데는 유구에서 표착 조선인 가운데 남자를 水夫로 고용한 각서가 있다. 이들의 1인당 賃金은 1일을 기준으로 錢 1貫文이었다. 조선인들이 얼마동안이나 수부로 고용되었으며, 유구체제 비용을 그들의 임금으로 전액 부담할 수 있었는지의 여부는 알 수 없다. 단 조선인들에게 지급하던 燒酒 5合의 대금이 錢 2貫 250文이었으며, 飯米(식사용 쌀) 1인당 1일 지급분인 中白米 1升의 대금이 錢 1貫 500文이었던 것을 보면, 조선인들의 1일 임금 錢 1貫文으로는 그들이 체제하는 비용의 일부를 부담할 수 있었을 것으로 보인다.
33) 이훈, 앞의 논문.
34) 『同文彙考』 2, 戊寅「禮部知會琉球國轉解漂民順付咨官咨」.
35) 『東文彙考』 4, 「報琉球國漂民轉解咨」.

으러 간 사행편에 송환되었으며, 이때 淸의 禮部 명의로 작성한 외교문서(咨文)가 조선에 전달되었다.[36] 조선은 1698년 북경을 통해 유구 표착 조선인이 송환되어 온 것에 대하여, 1700년에 淸에 사은사(東平君 李杭)를 파견하여 사의를 표하였다. 이때 조선국왕은 청의 황제 앞으로 감사하다는 表文과 貢物을, 그리고 예부 앞으로는 회답 咨文과 方物을 보냈을 뿐이다.[37]

3. 유구인의 조선 표착과 송환

임진왜란 이후 조선에 표착한 유구인 역시 계절적으로 여름에서 가을에 걸쳐서 표착사고를 당하고 있으며, 조선이 송환한 14건 가운데 8건이 제주(大靜縣・旌義縣)에 표착하고 있다.

이들 역시 자력으로 귀국하지는 못했으며, 조선 정부는 1609년의 유구인을 비롯하여 14회에 걸쳐 송환하였다.

이들의 송환 절차를 보면, 1612년 조선에 표착한 馬喜富 등은 명을 통해 유구로 송환되었으며, 이때 조선은 유구 국왕 앞으로 외교문서(附咨)를 보냈다.[38] 그 후 조선에 표착한 유구인의 송환은 2차례 있었으나 송환절차가 확인되는 것은 1794년으로, 이때는 유구인들의 요청에 따라 「北京(조선사행편에 송환) → 福建」이라는 절차를 거쳐서 유구로 우회 송환되었다. 이것이 선례가 되어 나머지도 모두 조선이 청에 파견하는 節使나 時憲曆을 받으러 가는 사

---

36) 『同文彙考』2, 戊寅「禮部知會琉球國轉解漂民順付咨官咨」, p.1251(국사편찬위원회 간행본).
37) 이훈, 앞의 논문.
38) 이때 조선은 明에 奏文하고, 유구에 대해서는 附咨하였다(『光海君日記』권57, 4년 9월 14일(을사)).

표 2 | 유구인의 조선 표착과 송환

	표착시기	송환시기	표착지	출신, 인원	표류이유	송환절차	송환자		출전	비고
							문서명의	송환사자		
1	1590			유구 백성		요동 경유			실	
2	1609			유구인					실(정)	
3	1612	1612.9		유구인 8명 馬喜富				동지사편	실	유구국왕 앞 자문
4	1613			唐·倭·琉球 3국인					실	
5	1623			유국국 왕세자(?)					실	
6	1794.8.17	1794	제주 大靜縣	유구 八重山島 11명	공무차	福建 경유			실·동	
7		1801							실·동	
8	1820.6.16	1820.7	제주 旌義縣	유구 5명	목재 벌취	福建 경유			실·동	
9	1821.5.20	1821.8	제주	유구 大島, 5명	家材 구입	福建 경유			실·동	
10	1826								실·동	
11	1827.2.29	1827	老島	유구3명	新木 구입	福建 경유			실·동	
12	1831.7.1	1831	제주 大靜縣	유구 那覇 3명		福建 경유			실·동	
13	1832.8.13	1832	제주 大靜縣	유구 那覇 4명		福建 경유			실·동	
14	1860.6.13	1860	제주 大靜縣	유구 那覇 6명		福建 경유			실·동	
15	1861.10.15		제주 大靜縣	유구		일본 경유			대	

* 위의 표는 이훈, 「조선후기 표민의 송환을 통해서 본 朝鮮·琉球관계」(『사학지』 27, 1994), 松原孝俊, 「朝鮮への漂着と琉球への漂着」(『MuseumKyushu』 15, 1984) 참조 작성.

행, 또는 進貢使편에 북경으로 보내 복건을 거쳐서 유구로 송환되었다. 그리고 이들을 송환할 때, 조선은 淸의 禮部 앞으로 咨文을 보냈다. 조선은 일찌기 유구가 사츠마(薩摩藩)의 속국이라는 사실을 알고 있었으나, 유구인들의 요청에 따라 굳이 일본으로 보내지 않고 청으로 송환하였다.[39]

그러나 조선에 표착한 유구인이 모두 淸을 경유해서 송환된 것은 아니었다. 조선에 표착한 일본배(특히 사츠마선)에 유구인이 섞여 있어서 조선에 일본 국적으로 조선에 보고되었을 경우나,[40] 1861년과 같이 제주 大靜縣에 표착한 사츠마 선박(圓順丸)에 탄 유구인 3명이 유구 국적으로 보고되었다 하더라도 그대로 대마번에 인계하여, 일본(대마번 → 나가사키 → 사츠마)을 거쳐서 유구로 송환하는 경우도 있었다.[41] 조선은 이미 유구가 일본 및 사츠마에 복속된 사실을 알고 있었기 때문에 그들이 유구 국적이든 아니든 일본 배에 승선하였을 경우에는 이를 문제삼지 않고 일본에 인계하였다. 그러나 유구인들이 일본 배에 타지 않은 한은 그들을 구태여 일본에 인계하지 않고, 유구인의 청원대로 淸의 福建을 경유하여 송환하였다. 조선은 일본이 문제삼지 않는 한 유구를 독립된 왕국으로 취급하고 있었음을 짐작할 수 있다.

조선에 표착한 유구인 역시 조선에서 無償으로 송환하였다. 유구인을 청을 통해 송환하는 경우, 조선측의 부담은 유구인들이 조선에 체류하는 기간, 그리고 북경까지 이송하는 기간에 드는 경비 등이었다. 체류기간 동안에는 의복과 곡식을 지급하였으며, 그들의 소지품은 그대로 돌려주었다. 다음으로 청이 부담하는 부분은 유구인들을 인계받은 후 북경에 머무르는 기간부터 복건으로 이송할 때까지, 그리고 경우에 따라서는 유구로 송환할 때까지의 선

---

39) 이훈, 앞의 논문.
40) 『薩州山川浦船23端帆24人外=薩州樣御家來3人便乞1人琉球人3人計31人乘1소, 薩州樣御手船10端帆11人乘1소, 薩州樣御手船10端帆9人乘1소, 朝鮮國江漂着長崎江差送候記錄』(表御書札方, 1861~1862)(이하『薩州山川浦船漂着記錄』으로 略稱함).
41) 예조참의 林翰洙가 對馬州 태수 앞으로 보낸 奉書(국사편찬위원회 소장 서계, No. 2878).
『薩州山川浦船漂着記錄』(表書札方), 대마도 家老가 에도 가로에게 보내는 書狀(12월 23일조).

편 제공 및 선원의 운임, 그리고 항해시 소요되는 식량 등이었다.

조선은 일본을 통해 유구인을 송환하는 경우, 조선에 표착한 일본인과 마찬가지로 취급하여, 조선에 체류하는 동안에는 5일마다 「5日次」라는 잡물을(白米・漁・菜・薪・乾魚物 등), 그리고 귀국시에는 「渡海糧米」 및 「衣資木」을 1필씩을 지급하였다.[42] 그리고 그들의 소지품은 청을 통해서 송환할 때와 마찬가지로 그대로 돌려 주었다.

뿐만 아니라 유구인을 정중히 취급하였다. 조선은 유구인들과 말이 통하지 않아서 불편하였으나, 표류민이 유구인이라는 것을 알게 되면 그들을 살해한다거나 바다로 내쫓지 않고 구제하였다. 그리고 이들 가운데 익사자나 병사자는 시신이 있을 경우 관에 넣어 표착지에 매장하기도 하였는데,[43] 유구인에 대한 취급은 전반적으로 정중한 것이었다고 할 수 있다.

이상에서 조선후기 조・유 양국간의 표류민 송환을 보면, 1609년 유・일 복속 이후로는 조・일간의 송환체제에 따라 조・유 양국민이 일본의 나가사키를 경유하여 우회송환되었다. 그리고 1696년 이후로는 조선인 표류민이 유구의 중국인 표류민 송환 절차 변경에 따라 부수적으로 청을 통해 우회 송환되었다. 따라서 이 시기는 조선전기 유구와 직접 통교하던 시기처럼 조선과 유구가 외교문서를 직접 교환할 필요는 없었다. 조선과 일본(대마도), 또는 청과 외교문서를 교환할 뿐이었다. 즉 외교의례는 중단되었으나, 표류민의 송환이 축적되어 감에 따라 송환 절차・표류민 취급 지침이 점차 정비되어 갔으며, 송환구간에 따라 비용을 분담하

---

42)『薩州山川浦船漂着記錄』(表書札方).
43)『同文彙考』4,「報漂人病死咨」(p.3648),「報琉球國漂人轉解咨」(p.3656).

되 전체적으로는 無償으로 송환하는 체제가 형성되어 있었다는 것을 큰 특징으로 지적할 수 있겠다. 양국 표류민의 무상송환은 조선인이나 유구인이 모두 청 황제의 赤子라는 의식에 바탕을 둔 것이며, 청 황제의 '柔遠之德意'에 따른 것이었다.[44] 청은 송환 비용을 조선에 청구하지 않았으며, 그나마 1700년 이후에는 조선이 표류민 송환에 대한 답례로 보내는 예물마저도 거절하였다. 이는 조선인이 청 황제의 적자라는 의식에서 비롯된 것으로 여겨진다. 청의 건국 이후 조·유 양국의 국교가 없어지고, 청과 주변국, 그리고 주변국 상호간에 事大交隣 관계가 변질되고 '四海一家'로 표현된 책봉질서적 외교사상이 희박해진 것은 사실이긴 하나, 중국 중심의 외교사상이 여전히 전근대 동아시아의 국제질서를 지탱하는 틀로 기능하고 있었음을 시사한다고 하겠다. 이는 安南(베트남)에 표착한 조선인의 송환이 有償이었던 것에 비하면 더욱 분명해진다.[45]

III. 표류민의 송환을 통해서 본 조선 · 유구관계의 특질

조선시대를 통틀어 유구에 표착한 조선인이 송환되어 온 것은

---

44) 『淸聖祖實錄』 권197, 강희 39년 정월 기미.
45) 1687년(숙종 13) 안남에 표착한 조선인은 안남 정부에 몇번씩 귀국할 의사를 밝혔으나 거절당했다. 귀국할 때 까지 무려 1년 이상을 안남에 체류해야 했으며 그것도 언제 죽임을 당해야 할 지 불안한 마음으로 살았다. 안남정부로부터 겨우 허락을 받아 귀국할 때에는 귀국 비용을 선주와 개인적으로 계약해야 했으며, 중국을 경유해서 귀국한 후에는 이 비용을 조선 정부가 부담하였다.

약 50건에 지나지 않으며, 또 반대로 조선에 표착한 유구인을 본
국으로 송환한 것은 약 20건 정도이다. 이 숫자는 조선 후기
(1599~1872) 일본에 표착한 조선인이 9,751명으로 967여 차례, 또
조선에 표착한 일본인(1609~1868)을 114회에 걸쳐 송환한 것에
비한다면 아주 미미한 숫자에 불과하다.[46)]

조선과 유구 양국의 표류민 송환이 활발하지 못했던 요인은 여
러 가지로 생각할 수 있다. 우선은 조선과 유구는 거리가 너무 멀
기 때문에 특별히 원양항해를 위해 계획적으로 준비하지 않는 한,
송환이 쉽지 않았으리라고 생각된다. 또 안보의 측면에서 볼 때도
임진왜란 이후 반세기 이상이 지난 1660년대는 일본의 조선에 대
한 재침 위험은 물론, 조선이 두려움을 느끼던 일본의 무력 자체에
대한 공포감도 옅어져서 유구를 조선전기 처럼 특별히 안보적 측
면에서 배려하여 관계를 맺을 필요성은 없었다. 교역적 측면에서
도 남방물산은 모두 대마번을 통해 입수할 수가 있었기 때문에 유
구는 조선에서 봤을 때 그다지 중요하지 않았다고 생각된다. 조선
과 유구관계란 조선후기로 갈수록 자연·교역·외교적 측면에서
볼 때 표류민을 송환해야 할 이유가 모두 상실되어 가던 시기였다.

그런데 한편으로 생각해 보면, 위와 같이 조선·유구 양국이
특별히 표류민을 송환해야 할 특별한 이유가 없어졌는데도 불구
하고, 상대국의 표류민을 우회루트를 통해서라도 무상으로 송환
해 왔다고 하는 것은 결코 적은 숫자라고 할 수는 없다. 이는 상대
국의 강한 송환의지는 물론이려니와 자국민을 받아들이는 측에서
도 표류민에 대한 배려가 작용하지 않고는 불가능한 것으로 생각
된다.

---

46) 池內敏, 『近世朝鮮人漂着年表』(자비 출판, 1996), p.188의 〈가공표 1〉.
   이훈, 앞의 논문.

먼저 조선이 유구에서 송환되어 오는 조선인들을 받아들인 데에는 어떠한 이유가 있었을까? 조선 정부측의 기록을 보면 외국에 표류하였다가 송환되어 온 것을 기록한 「漂流記」가 『조선왕조실록』에 남아 있는 경우가 많다. 그것도 왕명에 의해 撰進된 것이 대부분으로 8건 정도의 「표류기」가 있다. 중국에서 송환된 사람들에 관한 「표류기」가 3건, 일본에서 송환된 사람들에 관한 것은 1건, 유구에서 송환된 사람들에 관한 것이 3건이다. 조선전기 유구는 14회에 걸쳐서 조선인을 송환해 왔는데 이중 4건이 『조선왕조실록』에 남아 있다. 특히 세조 때 「표류기」가 2건이나 작성되었다고 하는 것은 단순히 異國이나 異文化에 대한 호기심이라기 보다는, 표류민의 송환을 왕권의 미화 내지는 안정, 나아가서는 왕권 강화의 이데오로기로 사용하지 않았을까라고 생각된다. 유구는 조선에서 멀리 떨어진 나라인 만큼 표류민 자신들이나 이들을 송환해 온 사자일행에 대한 표창은 왕권의 미화나 권위신장에 유효한 수단이 되었던 것이다.

조선후기에 들어오면, 전기와는 달리 송환건수는 전기의 2배에 이르지만, 송환체제의 정비 및 기록의 정비로 『조선왕조실록』에서 표류민 송환 자체에 관한 기사는 현저하게 줄어든다.[47] 그러나 숙종·영조·정조대에는 『조선왕조실록』에 국왕이 중국 및 유구에서 돌아온 표류민을 인견하고 표창한 기사나, 표류기 작성 관계 기사가 더러 눈에 뜨인다. 숙종·영조·정조는 조선후기 왕권의 중흥에 힘쓴 왕으로 표류민에 관한 기사가 왕권의 중흥기에 집중되어 있는 것은, 국왕이 송환된 표류민을 인견하고 그들에게 휼전을 베푸는 것이 「仁恕之政」이라는 왕권강화 이데오로기에 부합되었기 때문이라고 생각된다. 이러한 배경에서 볼 때 영조가 표류민을 직접 引見한 것은 조선전기 왕명에 의한 「표류기」 찬진 만큼 적극적인 것은 아니지만, 역시 다분히 정치적인 의도가 있을 것으로 생각된다. 특히 이러한 조치는 표류민송환이 비교적 안정적으로 운용되었던 조·일간의 표류민 송환 기사가 『조선왕조실록』에 거의 보이지 않는 것에 비한다면 결코 적지 않은 숫자이며, 영조대의 표류민정책이 엄금한 것이었기에 더욱 의도적이라고 할 수 있다.

그러면 유구측에서는 어떠한 이유로 조선의 표류민들을 송환해 왔을까? 우선 조선과 통교 초기에는 유구가 조선과 통교·무역의 기회를 확대하기 위해 피로인·표류민을 쇄환해 왔다. 그리고 1609년 사츠마 복속 이후는 막번제 하에서 조·일 표류민 송환 체제에 따라 조선인 표류민을 나가사키를 통해 송환해 왔으므로, 유구 정부의 적극적인 의사가 개입될 여지가 없었다. 그러나 1696년 조선인을 청을 통해 우회 송환하도록 절차를 변경한 것은 막번제적 조·일 표류민 송환체제에서의 일탈을 의미하는 것이었다. 즉 대외적으로는 유구와 막부·薩摩와의 복속 관계를 은폐함으로써 일본과의 복속관계보다는 독립 왕국으로서 종래의 책봉·조공관계를 우선시킬 수 있었다.

그리고 내면적으로는 유구 안에서 일본적 요소의 배제를 추진하는 계기가 되었기 때문이다. 유구는 1730년대 이후 古琉球식의 전통 제사 양식을 중국적 종묘 제사로 바꾸었고, 유교 윤리에 의한 교화의 추진을 통해 중국화를 도모함으로써 유구에서의 일본적 요소를 추방하려 했다.[48] 그리고 유구의 薩摩 복속 이후 유구 해

---

47) 조선 후기에는 『謄錄』류라는 기록이 발달되어 있었다. 표류민에 관해서는 예조에서 표류민 송환에 관한 것만을 따로 『漂人領來謄錄』『漂倭謄錄』으로 작성하였다. 여기에는 표류민의 표착 경위에서부터 표착지에서의 지급물, 동래부사의 장계, 조선 정부측의 조치 까지가 아주 자세하게 기재되어 있다. 따라서 특별한 경우가 아니고는 『조선왕조실록』에 표류민 관계 기사가 등장하는 예는 드물다.
48) 豊見山和行, 「近世中期における琉球王國の對薩摩外交」, 『新しい日本史』, 新人物往來社, 1996, pp. 216~220.

상에는 일본선을 모방한 和船들이 돌아다녔는데, 馬艦船(마랑선, 地船)을 제작함으로써 유구 해상에서의 일본선(和船)들을 대체해 갔다. 1710년 이후 제작되기 시작한 마랑선은 중국선의 외형을 갖춘 外洋 항해에 적합한 배로, 유구는 奄美大島(아마미오시마)지역을 제외한 八重山島에서도 마랑선을 제작하도록 허락함으로써 유구 해상에서는 화선이 점차 자취를 감추어 갔다.[49]

이상에서 명·청 교체 이후 조선과 유구간의 표류민 송환은, 조선전기 조선과 유구가 직접 통교하던 시기나 또는 조선·일본 간의 교린체제에서와 같이 國書(외교문서)에 의한 송환보고를 필요로 하는 것은 아니었다. 그러나 조선은 조선 왕권의 중흥, 또 유구는 유구 왕국의 실현·청과의 통교 기회 확대라는 이유에서 표류민을 우회 송환하였음을 알 수 있었다.

Ⅳ. 맺음말

표착이란 그것이 자의이건 타의이건 간에 표류민 자신은 물론, 그들을 송환하는 양국 정부에 있어서도 이문화를 접촉하고 정보를 축적할 수 있는 수단임에 틀림없었다. 이때 표류민들이 어떤 상태에서 표착지 주민과 접촉을 했으며, 또 통역의 존재 유무는 표류민들과 표착지 주민·정부와의 접촉 양상이나 정보의 질량·인식의 정도를 아는데 중요한 기준이었다.

언어는 양국민의 접촉시 의사불통으로 인한 오해를 없앨 수 있

---

49) 豊見山和行, 앞의 논문, pp.216~220.

고, 또 상대국에 대한 정보를 효과적으로 얻을 수 있는 수단이었으므로, 표착과 송환 사례가 증가됨에 따라 상대국의 언어에 대한 관심이 커져갔다. 조선에서는 유구어를 전문으로 구사하는 통역을 양성하지 않았으나, 유구는 18세기에 '朝鮮通事'의 존재가 확인된다. 1696년 이후 송환루트 변경과 더불어 송환 업무의 추진을 위해 조선어 통역을 특별히 양성했다고 보아진다.

또 표류민을 통해서는 문헌자료나 사자와의 문답에서는 얻을 수 없는 유구의 정보가 소개되었다. 그것은 조선인 표류민의 유구 장기 체류와 필담이 불가능하다는 것에서 비롯된 것으로, 주로 육안으로 관찰한 유구의 경관이나 토지이용·작물 재배에 관한 정보는 유구의 지형과 지질적 조건과도 부합되는 정확한 정보였다. 특히 작물 재배 중에서도 벼농사에 대한 기술은 권농을 이념으로 하는 농본국가 조선의 관심이 반영된 것으로 당시 명의 강남농법 도입의 일환으로 보인다.

표류란 그 자체만 놓고 보면 사고에 불과하지만, 근대이전 동아시아의 외교 시스템과 정보, 언어, 상대방에 대한 인식을 읽을 수 있는 중요한 주제라 할 수 있다.

세계의 섬을 찾아가다

포르모사(Formosa)의
슬픈 역사

정창원 제주대학교 사학과 교수

▲ 장개석(蔣介石) 중화민국 총통

포르모사(Formosa)의 슬픈 역사

Ⅰ. 17세기 이전

타이완은 구석기시대 말기(50,000년전~10,000년전)에 이미 사람이 거주하고 있던 것으로 추정된다. 신석기시대에는 사람의 거주 증거가 명확해지는데, 이 사실은 남도어계(南島語系) 민족이 남긴 유물들에서 확인할 수 있다. 진수가 지은『삼국지(三國志)』에서 오나라가 종종 이주(夷洲)에 군대를 파견하였다 하고, 『수서(隋書)』에서는 수양제(隋煬帝)가 류구국(流求國)에 군대를 파견해 공격하였다는 기록이 있는데, 이주와 류구국이 타이완을 지칭하는지 확실하지는 않지만 일부 학자들은 유력한 후보로 여기고 있다.

1360년, 원(元)나라는 평후제도(澎湖諸島)에 순검사(巡檢司)라는 행정기관을 두고 통치하였다.

이후 16세기 이전에 말레이폴리네시아어족(馬來-波里尼西亞語族)이 대만 군도에 옮겨왔다. 이들을 포함한 대만의 원주민들은 대만 전역에 널리 분포하여 거주하였고, 이 중에는 남도어계(南島語系)의 사람들 또한 남아있는 걸로 알려져 있다.

명대(明代)에 이르자 타이완으로 이주하는 한족이 크게 늘어나고 동시에 서구 열강들도 타이완 섬에 관심을 갖게 되었다. 16세기 당시, 아시아 해역으로 항해하던 포르투갈 선박이 유럽인으로는 처음으로 타이완을 "발견" 했다. 그 때, 선원들은 초록으로 덮인 타이완 섬을 보고 "Ilha Formosa"(포르투갈어로 의미는 "아름다운 섬")라고 칭찬했다고 하며, 지금도 유럽 및 미국에서는 타이완을 "포르모사(Formosa)"라고 부르는 경우가 많다.

Ⅱ. 네덜란드의 식민지 시기

1624년 펑후 제도를 지배하던 네덜란드인과 명나라의 군대가 계약을 체결하여 네덜란드의 동인도회사가 펑후 제도를 포기하는 조건으로 타이완 섬의 남서부 지방에 네덜란드 무역상회를 건립하도록 하였다. 네덜란드는 타이완에서 플렌테이션 경영을 시도하였고, 이를 위해 중국대륙 특히 푸젠성(福建省)으로부터 한족(漢族) 노동력 확보에 주력하였다. 즉, 중국 푸젠성 연해 일대의 주민을 대상으로 대만의 토지를 개간하게 하는 모집을 시행하여 이주시켰

01 | 러란제성(熱蘭杰城-Fort Zealandia Taiwan)
그림출처 : 17 century print, Reproduction in Nagazumi Yoko, Shuisen

다. 이민자들의 관리를 위한 통치기구를 두어 쌀과 설탕 등의 농작물의 생산량을 늘리도록 하였고, 1625년에는 러란제성(熱蘭杰城)을 세웠다.

한편, 1926년에서 1942년의 기간에는 스페인이 대만북부 지역으로 진출하여 그 지역 일대를 차지하였다. 당시 스페인이 건설했던 주요 성곽으로는 산살바도르 성(스페인어: Castella de San Salvador, 중국어: 聖救主城, 병음: Shèng Jiùzhǔ Chéng)을 들 수 있으며, 스페인은 그들의 지배영역을 지속적으로 확장시켜 나갔다.

이후 타이완 섬에 진출한 네덜란드 세력과 스페인 세력사이에 경쟁이 발생하게 되었다. 네덜란드인들은 스페인의 일본진출 기도를 성공적으로 저지하였고, 1642년, 결국 스페인의 점령지를 공격하여 빼앗고 타이완에서 그들을 추방시켰다.

네덜란드가 세운 식민국가는 타이완 역사상 처음으로 체계적 통치를 실행한 정권이라고 할 수 있다. 네덜란드가 타이완을 점령한 목적은 중국과 일본, 한국과 동남아 등지에서의 무역우세를 점하기 위해서였고, 네덜란드의 동인도회사를 대만 내부로부터 시작하여 여타 아시아 지역까지 넓히기 위한 정책의 일환이라 볼 수 있다. 네덜란드의 통치는 1662년 정성공(鄭成功)에 의해 축출될 때까지 37년간 지속되었다.

Ⅲ. 정(鄭)씨의 통치

정씨 왕국은 1662년 남명 건평 때 정성공(鄭成功)의 점령 군대가 타이완에서 네덜란드의 군대를 몰아내면서 시작되었다.

1644년, 명(明)제국은 만주 만주족이 일으킨 청(淸)에 의해서 멸망했다. 그러나 명의 유신(遺臣)들은 "반청복명(反淸復明)"의 구호를 내걸고 반공(反攻)을 거듭하였다. 그 지도자 중 하나가 정성공이다. 정성공의 아버지 정지룡은 타이완 해협에서 무역업과 해적 행위로 재부를 축적한 해상 모험가였다. 부친 정지룡(鄭芝龍)은 일본에서 다가와 시치자에몬(田川七左衛門)의 딸을 아내로 맞아들였는데 그 사이에 태어난 아들이 정성공이다.

정성공은 대륙에서의 힘든 싸움을 겪었고, 그 결과 어쩔 수 없이 네덜란드의 세력이 존재하는 타이완에 들어오게 된다. 1661년 정성공은 식민지로서 타이완을 점령하고 있던 네덜란드를 공격하여 물리치고, 1662년 2월 1일 네덜란드 세력의 항복을 이끌어냈다. 타이완에서의 철수, 타이완에 대한 모든 권리를 모두 정씨 일파에게 넘기겠다는 협정서를 받아낸 후, 타이완 역사상 처음으로 한족(漢族)이 세운 정권을 수립하게 된다. 이들 정권은 타이완을 청나라 반공의 거점으로 삼아, 통치를 목적으로 동도(東都)라고 부르는 명경(明京)을 세우고 펑후 제도까지 이르는 행정구역을 정비한다. 이와 같은 정책을 실시한 뒤 정성공은 휘하의 군인들과 데리고 온 푸젠성 주민들을 이곳에 정착하게 했다.

1662년 6월 23일 정성공이 병으로 급사하였으나, 그의 아들 정경이 그 유지를 받아 반청의 기조를 유지하였다. 그는 1664년 동도를 동녕(東寧)이라고 개명하여 동녕왕국(東寧王國)의 왕으로 등극하게 된다. 정경은 정권을 승계한 후, 반청의 기조를 유지하며 대륙에서 일어나는 복명운동에 가담하였다. 특히 삼번의 난(三藩之亂)에 정씨 왕국은 적극 동조하여, 한때 푸젠성의 일부를 공격하여 장악하기도 했다. 정권은 다시 정성공의 손자에게로 넘어갔지만, 곧이어 내부분열에 시달렸다. 이러한 기미를 알아차린 청정부는 막대한 뇌물을 이용하여 내부분열을 더욱 심화시켰다. 정성공부터 시작된 정씨의 3대(代)에 이은 타이완 통치는 1683년,

23년만에 청나라의 군대에 의해 멈추게 되었다.

정씨의 통치시기에 영국의 동인도회사는 정씨 정권과 상업협정을 맺으려 하였는데, 당시 영국인들은 동녕왕국을 칭하여 타이완왕국(台灣王國)또는 명경왕국(明京王國)이라 하였다.

Ⅳ. 청조 시대

청(淸)나라 시대에도 명대와 마찬가지로 한족은 중국 대륙에서 타이완으로 잇달아 이주하면서 개척지를 확대해 갔다. 지리적 이유로 인해 이주민은 대부분 푸젠성(福建省) 남부와 광둥성(廣東省) 동부 출신이었다. 이 같은 이유로 현재 타이완에서 널리 쓰이는 언어, 즉 대만어는 그 지방들의 영향을 받은 민난어(閩南語)의 사용비중이 매우 높다.

타이완은 주로 농업과 무역으로 발전해 나갔다. 1858년 청나라가 제2차 아편 전쟁에 패하여 톈진조약(天津條約)이 체결된 결과, 타이완에서도 타이난의 안핑항(安平港)이나 지룽항(基隆港)이 개항되었다.

1874년 일본에 의한 모란사 사건(牡丹社事件, 일본명: 臺灣出兵, Taiwan Expedition of 1874)이 일어났고, 1884-1885년의 청불전쟁(Sino-French War) 시기에는 프랑스 함대가 타이완 북부의 공략을 꾀했다. 청나라는 타이완 방위를 위해 류명전(劉銘傳)의 파견을 결정했다. 그리고 1885년 종래 푸젠성에 속하고 있던 타이완을 타이완성(臺灣省)으로 승격시켜, 류명전은 초대(初代) 타이완 순무(臺灣巡撫, 지방장관)가 되었다. 류명전은 타이완 전역의 실효 지배를 목적으로 하는 일련의 근대화 정책을 실시했다. 그러나 충분한 성과를 달성하지 못하였고, 타이완은 일본의 식민지로 전락하였다.

Ⅴ. 대만민주국(臺灣民主國) 또는 타이완 민주국

대만민주국(臺灣民主國)은 1895년 5월 25일, 타이완의 친청(親淸) 인사들이 일본에 대항하려는 목적으로 세운 정부체이다. 1895년 4월 17일, 시모노세키 조약의 결과 대만의 일본 할양이 결정되자, 대만 내에서 할양에 반대하는 움직임이 발생하였다. 이에 찬동한 당시 대만순무 당경숭(唐景崧)은 5월 23일 대만민주국 독립선언을 발표하고, 5월 25일 대만민주국의 성립과 함께 총통에 취임했다. 하지만 이튿날 국회의장 임유원이 대륙의 샤먼(廈門)으로 도망하는 등 정부 내부에서 의견이 분열되어 동요가 일었다. 6월 3일 지룽(基隆)이 일본군에게 점령당하자, 그 다음날 당경숭은 독일 상선 Arthur호를 타고 도주하여 샤먼으로 향했고, 1903년에

02 | 대만민주국 총통 당경송(唐景崧)
그림출처 :
http://ko.wikipedia.org/wiki/%ED%8C%8C%
EC%9D%BC:Tang_Jingsong.jpg

광시성(廣西省)에서 사망하였다.

대만민주국 총통인 당경숭(唐景崧)과 통령 구봉갑(丘逢甲)이 샤먼으로 도망하게 되자, 유영복은 타이난(台南)에서 대만민주국의 재흥을 노렸다. 민중으로부터 총통으로 취임을 부탁받았으나, 유영복은 이를 거절하고 방변(幇弁)이라는 지위로 민주국 정부를 지휘하게 된다. 대만민주국의 실질적인 리더가 된 후, 타이난에 의회를 설치함과 동시에 지폐를 발행하였다.

하지만 군사적인 우위에 있던 일본군에 지속적인 저항을 펼치는 것에는 한계를 드러내었고, 또한 청의 유력자에게서 지원을 얻을 수 없었던 상황에서 일본군이 타이난에 육박해오자 안핑(安平)으로, 다시 독일 선박을 타고 중국으로 도망하였다. 결국 대만민주국은 1895년 10월 23일 일본에 의해 해산당하였다.

VI. 일제식민지시대

1895년 4월 17일, 청일 전쟁 후 체결된 시모노세키 조약(下關條約)으로 인해, 타이완 섬과 펑후 제도는 청나라로부터 일본에 할양되어 일본의 첫 식민지가 되었다. 일본은 타이완총독부(臺灣總督府)를 설치하고 식민지 통치를 시작했다. 당초 일본은 타이완 통치 정책으로서 식민지주의(植民地主義)를 채택하여 일본 본토(Mainland Japan)와는 다른 식민지법을 적용했다. 하지만 1922년부터는, 일본과 같은 법제도를 식민지에도 적용하고 동화정책(同化政策, Ethnocide)을 행했다. 이 동화정책은 법제도뿐만 아니라 문화적으로도 식민지의 "일본화(日本化)"을 꾀하는 정책이었다.

1936년 2·26 사건 이후 일본의 총력전체제화(總力戰體制化)

03 │ 우서사건을 소재로 제작한 시디그발레
(賽德克 · 巴萊)의 영화포스터
그림출처 : http://www.seediqbalethemovie.com

가 진행되면서 타이완 총독부는 황민화정책(皇民化政策)에 의한 동화정책을 더욱 강화하여 중국어 신문을 금지하고 일본어 사용과 함께 창씨개명을 강요했다. 또 육군과 해군의 지원병 제도를 도입해 타이완 주민들을 병사로 전장에 보냈다. 한편으로 일본은 철도나 도로 등 사회간접자본시설과 교육 제도를 정비하였고, 그러한 성과와 영향과 동시에 그 잔재도 오늘날의 타이완에 많이 남아 있다. 그러나 이러한 일본의 타이완 개발은 표면적으로는 타이완을 위한 것으로 보이지만, 궁극적 목표는 일본의 타이완 식민 지배를 더욱 공고히 하기 위해서였다.

이에 일본 식민 지배에 대항하는 타이완 주민들에 의한 항일 민족 운동(抗日民族運動)이 1920년대에 섬 전체로 전개되었다. 또 1930년에는 타이완 섬 중부에서 대만원주민에 의한 대규모 항일 봉기(抗日蜂起; 霧社事件)가 발생했다.

Ⅶ. 중화민국(中華民國) – 국민당(國民黨) 통치시대

1945년, 일본의 패망으로 타이완섬(臺灣島)과 펑후제도(澎湖諸島)는 50년 만에 중화민국으로 반환되었다. 그런데 타이완을 수복하고 통치하기 위해 파견된 국민정부의 관료들과 병사들은 그 당시 상당히 부패하여 이들에 대한 타이완 주민의 실망은 커져만 갔다. 타이완 주민의 불만은 1949년 2월 28일의 항거(2·28 사건)로 이어진다.

04 | 장개석(蔣介石) 중화민국 총통

궁지에 몰린 국민당 정권은 앞으로는 협상으로 하면서도 뒤로는 본토 병력의 파견을 기다리다 군대가 도착하자 입장을 바꾸고 무력진압을 강행하였다. 이 과정에서 헤아릴 수 없을 만큼 많은 수의 본성인(本省人)이 사망하였으며, 이 사건은 지금까지도 타이완 주민(本省人)과 1945년 이후 타이완에 건너 온 이주민(外省人)과의 사이에 지울 수 없는 뿌리 깊은 상처를 남겼다.

국공 내전의 패배 후, 1949년에 타이완에 피난한 국민당 정부는 1950년 장개석(蔣介石)의 대총통 취임과 함께 그 활동을 재개하였다. 장개석은 무력에 의한 중국 공산당 지배지역의 탈환(反攻大陸)을 목표로 삼아, 중국 연안부의 거점으로부터 공격을 시도하고 있었다. 하지만 도리어 공산군의 반격을 받아 1955년에 저장성

(浙江省)의 거점을 잃었다. 그 후 중화민국이 실제로 통치하는 영역은 변화하고 있지 않다. 타이완에 정착하는 과정에서 2·28사건 등 대만사회를 뒤흔들게 되는 일련의 사건들을 경험하였다. 국공내전에 패퇴한 국민당정부는 1949년 12월 타이베이로 옮겼다. 내전의 패색이 짙던 1949년 5월 1일 전 섬에 걸쳐 총호구 조사를 실시하였으며, 같은 달 21일에는 계엄령을 발포하였다. 그 해 말부터 위험분자로 간주된 이들에 대해 대량 체포가 개시되었다. '대만을 보위하고 대륙을 공격한다(反攻大陸)'는 구호 하에서 내전을 반대하거나 국공 평화회담을 주장하며, 또는 평화 건설과 민생 문제를 개선하라는 주장이나 언론은 무조건 공산당 간첩, 파괴분자, 음모분자로 간주되었다.

장개석은 국공내전에서 패배해서 타이완으로 물러났고, 중국국민당은 대만 전체를 1949년부터 1987년까지 38년이라는 세계 최장의 계엄체제로 지배하게 된다. 장개석은 처음부터 대만을 잠깐 스쳐지나가는 근거지로만 여겼을 뿐 언젠가는 본토로 갈 수 있다고 판단했다. 1949년 인구 구성비를 살펴보면, 본성인(17세기부터 1945년 8월 15일 일제 패망 전까지 대만에 정착한 한족계 주민)과 외성인(1945년 8월 15일 일제 패망 후부터 1949년 말까지 대만에 이주한 한족계 주민)의 구성은 8 대 1의 비율로 내성인이 압도적으로 많았음에도 정부의 요직은 장개석을 위시한 외성인들이 차지하였고 국민당정부는 내성인을 차별하는 정책을 폈다.

1945년 10월 25일 대만 주둔 일본군은 진주하여 온 중국군에 정식으로 항복하였다. 이날부터 대만은 국민당정부의 지배하에 들어갔다. 청일전쟁 이후 일제의 지배와 수탈을 받던 대만주민들은 국민당정부에 대한 기대가 컸다. 그렇지만 그 기대는 물거품이 되고 말았다.

"신임장관(진의-陳儀)은 수행원들을 대동하고 그 섬에 도착하였는데 수행원들은 교묘하게 대만을 착취하기에 바빴다…. 군대는 정복자처럼 행동하였다. 비밀경찰은 노골적으로 민중을 협박하며 본토에서 온 중앙정부의 관리가 착취하는 것을 용이하게 하였다." - 미국무성, 중국백서 -

1947년 2월 27일 밤 타이베이시, 정부의 전매품인 담배를 몰래 팔던 한 노파(林江邁)가 단속반에게 폭행을 당하자 주변 사람들이 이에 항의하는 사태가 일어났다. 단속반은 항의하는 군중에게 발포하였고, 시민 한 명(陳文溪)이 여기에 맞아 사망하였다.

다음날인 1947년 2월 28일 대만 경비총사령관은 타이베이시에 임시 계엄을 선포하였고, 장관 진의의 집무처에 밀려들어 항의하는 시위대에 군대가 기관총소사를 퍼부어 많은 사상자를 내었다. 격분한 대만 민중은 타이베이 시내 도처에서 폭동을 일으켜 방송국을 점거하고 전 도민의 궐기를 외쳤다. 이것이 이른바 '2·28사건' 이다. 1년 반 동안 쌓이고 쌓인 민중의 분노가 폭발하여 봉기는 순식간에 대만 전역으로 확산됨과 아울러 각지에 '2·28 처리위원회' 가 설치되었다.

타이베이시 참의회는 사태 해결을 위해 당일 오후 2시에 긴급회의를 소집했다. 의회에서는 사태를 진정시키기 위해 "담배 단속 살인사건 조사위원회" 를 조직했다. 그리고 진의(陳儀)는 방송을 통해 다음 4개 사항을 공포하였다.

● 계엄은 즉시 해제한다.
● 체포된 시민은 석방한다.
● 군인과 경찰의 발포를 금한다.
● 참의원에서 대표를 추천하여 정부 관리와 같이 공동으로 처리위원회를 구성하여 이번 폭동 문제를 처리토록 한다.

무차별한 발포를 하는 군·경을 대신하여 학생과 청년들로 조직된 치안 봉사대로 치안을 유지하고 처리위원회의 공정한 조사가 진행되면서 3월 4일 이후부터 사태가 서서히 진정 국면으로 들어서기 시작했다. 그러나, 처리위원회의 성격은 점차 2 · 28 사건에 대한 처리뿐만이 아니라 근본적인 정치개혁을 요구하는 데까지 발전하게 되었다. 처리위원회에 대한 지지와 그 권위가 증대되어 정치개혁을 위한 추진단체로 발전하고 대만의 자치와 인권보장을 요구하는 '32개조 요구'를 제시하자, 낭패한 신임장관 진의는 타협적인 제스처를 보이며 시간을 벌다가 장개석에게 연락을 취하여 군대를 요청하였다.

제 21사단이 3월 8일 새벽 두 시에 타이베이시에 진입해서 탄압을 재개하자 본성인 사상자가 속출하고 본성인 출신 지식인과 지도자 대표자들 상당수가 살해당하거나 체포 또는 실종되었고 일부는 도망하였다. 3월 11일은 지룽, 3월 6일부터 3월 8일까지 가오슝(高雄), 3월 11일 타이난(臺南), 3월 12일 자이(嘉義) 등에 진입한 국민당의 결창과 계엄군은 대학살과 약탈을 자행했다. 이러한 대대적인 살육과 약탈은 3월 17일 국방부장 백봉희가 대만에 도착하여 조율에 나선 후 3월 21일에야 진정되었다.

아직도 2.28 사건 사망자의 정확한 숫자는 알 수가 없었다. 그러나 1991년 당시 총통이었던 리덩후이(李登輝)의 지시로, 이듬해 행정원은 「2 · 28 사건 연구 보고」를 발표했다. 이 조사로 2 · 28 사건의 진상규명이 드러나기 시작했다. 이에 따르면 사건으로 희생된 사망자의 수는 대략 3만여 명 정도로 추산하고 있다. 1995년 대만정부는 국가차원에서 희생자 가족에게 사과했다.

중화민국 정부는 본토수복을 최고 국책으로 삼고 있었으나, 1954년 12월 체결된 미국 · 중화민국 공동방위조약에 의하여 무력행사에는 미국의 동의를 얻도록 되어 있었다. 그 후 1958년 가을, 중국군의 진먼(金門)섬 포격으로 타이완 해협의 긴장이 고조되었을 시기 덜레스(John Foster Dulles) 미국 국무장관의 압력으로 무력 침공은 사실상 단념하게 되었다.

중화민국은 1949년 이래 실시된 계엄령으로 국민의 자유가 제약을 받고 있다가 1987년 해제되었다. 반공·친미정책이 외교정책의 기조였으나 미국과의 단교로 외교적으로 고립되기 시작하였다. 1981년 이후 중국으로부터 평화공세와 통일제의를 받았으나 계속 일축하다가 1987년 본토의 친족방문을 허용하는 등 교류를 시도하고 있으며, 1988년 리덩후이(李登輝) 총통이 정치의 민주화를 천명하면서 변화가 일기 시작하였다. 리덩후이는 1996년 최초의 총통 직접선거에서 압도적인 득표로 재선되었다. 타이완은 1971년 국제 연합 탈퇴, 영토 귀속문제 등으로 많은 수교국들과 단절하여 현재 정식수교국은 20여개 국가뿐이지만, 실제로는 탄탄한 경제력을 바탕으로 수많은 국가와 경제적·문화적 교류 관계를 유지하고 있다.

2000년 3월에 실시된 총선에서는 천수이볜(陳水扁)과 뤼슈롄(呂秀蓮)이 각각 총통과 부통령으로 당선되었다. 그러나 민주화의 열망을 안고 집권하였던 민진당은 각종 부패로 일그러졌고, 천수이볜과 뤼슈롄은 재선 당시 총격사건을 조작하였다는 의혹을 받기도 하였다.

거듭된 실정으로 말미암아 대만인들은 민진당(民進黨) 정부에 등을 돌리게 되고, 2008년 대선에서 국민당의 마잉지우(馬英九)대표가 총통으로 선출되면서 국민당은 다시 정권을 획득하게 되었다. 국민당은 마총통 집권이후 이른바 제3차 국공합작이라는 별칭의 對중국본토 협력관계를 강화하고, 이는 대만기업들의 대중국 투자와 시장에 대한 확고한 지위를 부여받게 되는 계기가 되었다. 이후 마총통은 2012년 선거에서 연임에 성공하여 지금에 이르고 있다.

| 참고문헌 |

周婉窈 著, 『台灣歷史圖說』, 손준식 · 신미정 譯, 『대만 - 아름다운 섬 슬픈 역사』, 신구문화사, 2003.

柯志明 著, 문명기 譯, 『식민지 시대 대만은 발전했는가』, 일조각, 2008.

허영섭, 『대만 어디에 있는가』, 채륜, 2011.

김정화, 「 '2.28 臺灣 民衆抗爭' 과 대만인의 '臺灣意識'」, 『사림』 제29호, 2008.

藍博洲, 「대만-2.28에서 50년대로 이어지는 백색테러」, 『역사비평』 42호, 1998.

세계의 섬을 찾아가다

소동파와 해남도

김성곤 한국방송통신대학교 중문과 교수

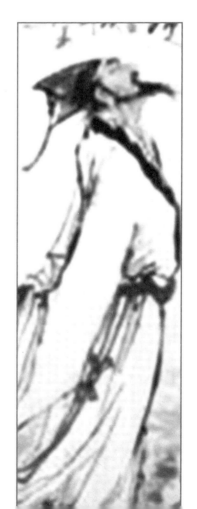

▲ 동파 초상

소동파와 해남도

1.

> 橫看成嶺側成峰(횡간성령측성봉), 가로 보면 고개마루 옆에서 보면 봉우리
> 遠近高低各不同(원근고저각부동), 원근고저 그 모습이 제각각이라
> 不識廬山眞面目(불식여산진면목), 여산의 진면목을 알 수 없노니
> 只緣身在此山中(지연신재차산중), 이 몸이 이 산속에 있어서가 아닌가

소동파가 아름답기로 유명한 중국 강서성의 여산(廬山)을 지나며 쓴 유명한 시 〈서림사 벽에 쓰다題西林壁〉이다. 서림사는 여산 자락에 있는 절로 이 절 벽에 쓰여진 동파의 이 시로 인해 크게 이름이 났다. 지금도 이 절에 가면 동파의 시를 새긴 벽을 볼 수가 있다. 온갖 수려하고 기이한 봉우리들로 가득 찬 여산의 절경을 찾아 각양각색 봉우리의 자태에 혹은 감탄하고 혹은 신기해하면서 마냥 어린애처럼 들떠있는 동파의 모습이 행간에서 용출한다. 제3구의 '여산진면목'이란 말이 우리나라 사람들에게도 많이 알려져 있는데, 흔히 어떤 일이 매우 복잡하게 얽혀있어 그 전모를 알기 어려운 상황이거나, 어떤 이치가 너무 심원해서 그 내용을 파악하기 힘들 때 '여산진면목을 알 수가 없다'라는 말로 표현하기도 한다. 소동파의 시가 우리에게 매우 가까이 와 있음을 알 수 있게 하는 말이다. 중국인들은 흔히 이 시의 마지막 두 구절을 인용하면서 "당사자는 헤매고 방관자가 분명하다當局者迷, 旁觀者淸"는

01 | 廬山

이치를 설명한다. 곁에서 훈수 두는 사람에게 바둑이 더 잘 보이는 이치다.

2.

　중국의 오랜 지성사에서 가장 밝게 찬연히 빛나는 소식(蘇軾)은 우리나라에서는 식(軾)이라는 본래 이름보다는 '동파(東坡)'라는 호로 더 알려져 있다. '동파'는 동쪽 언덕이라는 뜻이다. 이 호는 소식 스스로 자호한 것인데 그 유래는 다음과 같다. 소식은 45세 되던 해에 왕안석의 신법당에 의해 축출되어 호북성 황주(黃州)로 유배되었다. 가족이 많았던 소식은 경제적으로 쪼들렸다. 그가 지인에게 보낸 편지에 당시의 궁핍한 생활을 알려주는 내용이 있다.

황주에 도착한 이후로 제 봉록은 끊겼지만 여전히 대가족을 부양해야 하니, 이제 생계를 정말 잘 꾸려나가지 않으면 안 될 판입니다. 그래서 매일 비용으로 150문씩만 쓰기로 작정했습니다. 매달 초하룻날에 4,500문을 가지고 따로 몫을 나누어 한 꾸러미씩 만들어 천장에 모두 매달아 놓습니다. 매일 아침마다 그림 걸 때 쓰는 갈고리로 한 꾸러미를 내린 후에는 갈고리를 감춰 버립니다. 그날 몫의 비용 가운데 혹시 남으면 그것을 큰 대나무를 잘라 만든 통에 넣어두어, 친구를 청할 때 쓸 수 있게 비축합니다. 이런 방식으로 수중의 돈으로 일 년 가량 유지할 어림을 잡았습니다. 하지만 수중에 돈을 모두 다 쓰고 난 후에는 가족을 부양할 방도를 따로 생각해야 될 듯합니다. *

소식이 생각해낸 생활의 방도는 바로 황무지를 개척하는 것이었다. 지방 정부로부터 허가를 얻어 그가 살고 있던 곳에서 동쪽으로 약간 떨어져 있는 언덕배기의 황무지 10무(10에이커)를 개간해서 농사를 지었다. 이 땅은 예전에 병사(兵舍)였던 곳으로 황폐한 땅이었다. 오랫동안 버려진 채 있었으므로 가시덤불과 자갈로 가득 차 있었다. 더욱이 오랫동안 가물었기 때문에 자갈을 제거하고 논밭으로 만드는 일은 등뼈가 휘게 어려운 작업이었다. 소식은 고된 노동으로 얻은 개간지에 첫 씨를 뿌리고 가을의 풍성한 수확을 기대하면서 스스로를 '동쪽 언덕의 거사'라는 뜻의 '동파거사'라 이름하고 〈동파〉라는 시를 썼다.

雨洗東坡月色淸(우세동파월색청), 비에 씻긴 동파에 달빛 맑은데
市人行盡野人行(시인행진야인행). 성 사람들 다 돌아가고 야인만 거니네.
莫嫌牢確坡頭路(막혐뇌확파두로), 동파 길 평탄치 않다 탓하지 마시게나
自愛鏗然曳杖聲(자애갱연예장성). 텅텅 지팡이 끄는 소리 듣기 좋으니

이로써 나지막한 무명의 '동쪽 언덕'은 중국 지성사에서 가장 높이 솟은 봉우리를 뜻하는 '소동파'가 되었다.

---

* 임어당 저 · 진영희 역, 『소동파평전』, 지식산업사, 1987.
이하 인용문의 상당수는 이 책에서 인용되었음.

3.

02 | 동파육

소동파는 우리에게 중국음식으로 알려져 있기도 하다. 이른바 '동파육', 중국어 발음으로는 '똥퍼로우'이다. 듣기에는 썩 유쾌하지 않지만 '똥퍼로우'는 소동파가 처음 개발한 아주 맛있는 돼지고기 요리이다. 동파가 유배생활을 하던 황주는 돼지고기가 흔했다. 그런데 너무 값이 싸다보니 부자들은 먹으려 들지 않았고, 가난한 사람들은 또 맛있게 먹을 수 있는 조리법을 알지 못했기 때문에 먹지 못했다. 동파는 돼지고기를 푹 고아 조리하는 간단한 조리법을 개발했는데, 물을 조금만 붓고 불에 올려놓은 후 몇 시간 동안 뭉근하게 삶아서 간장으로 간을 맞추는 방법이다. 황주에서 개발한 이 조리법이 대중에게 알려지게 된 것은 그로부터 10년 후 소동파가 항주태수로 재직할 당시였다. 소동파는 사람들을 동원하여 항주의 유명한 호수 서호를 준설했다. 그때 준설해서 퍼올린 흙으로 쌓은 것이 바로 소식이 쌓은 제방이란 뜻의 '소제'로서 서호에서 아름답기로 유명한 곳이다. 늘 범람하던 서호를 준설하여 항주 백성들의 삶이 평안해지자 많은 사람들이 다투어 태수에게 돼지고기 선물을 보내 감사의 마음을 표했다. 훌륭한 목민관이었던 동파는 그 많은 돼지고기를 바로 자신이 개발한 조리법을 써서 맛있는 '동파육'을 만들어 다시 백성들에게 돌려주었다. 동파육을 맛본 사람들이 그 맛에 환호했고, 그 중에

한 사람이 이 요리를 식당에서 메뉴로 내놓기로 하고는 동파를 찾아가 허락을 구했다. 물론 요리 이름을 동파가 만든 돼지고기라는 뜻의 '동파육'으로 하자는 것까지도 포함해서 말이다. '동파육'은 요리사로서의 소동파의 능력을 보여주는 것은 물론이고 백성들을 사랑한 훌륭한 목민관으로서의 동파의 자애로운 모습까지 보여주는 근사한 요리인 것이다.

4.

소동파가 잘할 수 없는 분야가 무엇이었을까? 동파는 일찍이 스스로가 남보다 못한 것이 세 가지 있다고 했다. 이른바 '삼불여(三不如)'이다. 바둑, 노래, 주량이다. 이 세 부분을 빼놓고는 어떤 분야에서든 남에게 뒤지지 않았다는 말이다. 시로 따지면 북송 최고의 시인이요, 전시대를 통틀어도 다섯 손가락 안에 들고, 문장으로는 당나라와 송나라를 합해 가장 뛰어난 8대가에 들고, 글씨로는 해서와 행서에 뛰어나 송나라 4대 서예가에 들고, 그림으로도 정신을 그려야 한다는 신사(神寫)의 이론으로 괴석과 고목을 잘 그려 문인화를 크게 진작시킨 장본인이다. 이외에도 요리에도 일가견이 있었고, 의학에도 식견이 깊었으며, 요가나 참선에도 그 도달한 경지가 결코 얕지 않았다. 정치가로서의 업적도 출중했으니 항주에서 태수로 있는 동안 1년 반이라는 짧은 기간 동안에 깨끗한 식수 공급시설과 병원을 세우는 등 이 지방 공중 위생설비를 설치하는 한편 자주 범람하던 서호를 준설하여 농지를 보호하고, 곡가를 안정시켰으며 기근대비책을 세웠다. 지방관으로 있던 당시 그가 올린 상소문을 보면 그가 목민관으로서 백성들의 삶을 안돈시키기 위해 얼마나 노심초사했는 지를 알 수 있다.

저는 항주에 부임해 있다가 그 다음은 영주로, 그리고 지금은 양주에서 임직 중에 있습니다. 그래서 개인적으로 이 세 지역의 민정을 비교적 상세히 살펴볼 기회가 있었습니다. 그들은 모두 이미 오래전에 진 무거운 빚더미에 눌려 지내왔고, 갈수록 점점 더 가난해져 가고만 있습니다. 인구의 반이 사망하거나 고향을 떠났건만, 그들의 채무기록은 아직도 관아 장부에 그대로 남아 있습니다. 농민들과 소상(小商)들 모두 고통을 당하고 있으며, 이로 인해 정부의 세입도 감소하고 있습니다. 이런 지역에서 제가 경험한 상황은 전국의 다른 지역도 마찬가지일 거라고 믿습니다. 영주로부터 양주를 향해 여행할 때 저는 회하(淮河) 유역의 여러 지역을 지나왔는데, 제가 가는 곳마다 푸른 밀밭 천지였습니다. 수행원을 뒤에 놔둔 채 저는 마을 안으로 들어갔습니다. 그 지방 유지들은 모두 슬픈 얼굴로 이렇게 말했습니다. "오늘날엔 흉년드는 것이 풍년드는 것보다 오히려 낫습니다. 수재나 한재가 들면 식량을 아끼고 절약해 어떻게 해서든지 연명할 수 있으며, 어쨌든 최소한 자유롭게 살수 있습니다. 하지만 일단 풍년이 들었다 하면 세리들이 집으로 들이닥쳐 사람들은 사슬에 묶여 떠납니다. 감옥살이 하느니 차라리 죽느니만 못하지요." 그 마을 연장자들은 눈물을 흘렸고, 저 역시 눈물을 흘렸습니다. 더욱이 제가 가는 성읍마다 피난민들의 무리가 우글거렸습니다. 공자께서 일찍이

03 | 서호 소제(蘇堤)

말씀하시길, "혹독한 정치는 호랑이보다 무섭다"고 하셨는데, 소신을 이 말을 믿지 않았었습니다. 현재 이런 상황을 직접 목도하고 나니 공자께서 오히려 좀 온건하게 표현하신 편이라는 생각이 들 정도입니다. 설사 호랑이가 사람을 죽인다 해도, 그 수효는 기근과 홍수로 사망하는 사람 수에 비하면 훨씬 못 미칠 것입니다. 그런데 오늘날 이 나라의 백성들은 기근이나 홍수보다 세리를 더 무서워합니다. 저는 개인적으로 이 세리들의 수를 추산해봤습니다. 지역마다 평균 500명으로 줄잡으면 약 20여 만 명의 호랑이와 늑대들이 백성들을 착취하려고 전국에 풀어져 있는 셈입니다. 그러니 백성들이 어떻게 마음놓고 살 수가 있으며, 이런 상황 아래에서 조정이 어떻게 인정을 베풀 수 있겠습니까?

왕안석의 신법 정치가 빚은 재난이었다. 지방관으로 재직하던 동파는 신법 정치의 후유증으로 도탄에 빠진 백성들의 고난에 찬 삶을 목도하였고, 상소를 올려 신법 정치를 중단할 것을 거듭 주장하였다. 결국 왕안석을 중심으로 한 신법당의 눈엣가시가 되었고, 그들의 날조된 죄목에 의해 체포되어 옥에 갇히고 황주로 유배되었다. 신법당은 동파가 지은 시를 가지고 역모죄로 엮었다. 이른바 '오대시안'의 필화사건이다. '오대'는 어사대로서 중죄인을 심문하던 기관이었다. 소동파로 하여금 오대에 갇혀 곤욕을 치르게 만든 그의 여러 시들 중에서 〈왕복 수재의 집에 있는 두 그루 회나무를 읊다(王復秀才所居雙檜)〉라는 시는 가장 많이 알려져 있는 작품이다.

凜然相對敢相欺(늠연상대감상기), 늠름히 서로 마주하니 뉘 업신여기랴
直幹凌空未要奇(직간릉공미요기), 곧은 가지 하늘로 치솟은 것 기이타 마라
根到九泉無曲處(근도구천무곡처), 구천까지 내리 뻗은 뿌리가 다다른 곳
世間惟有蟄龍知(세간유유칩룡지), 세상에서는 오직 숨은 용만이 알리라

이 시는 두 그루의 높이 솟은 회나무를 통해 주인인 왕복 수재를 칭송한 것으로, 그의 인품과 학문은 오직 '숨어있는 용'처럼 아주 뛰어난 인물만이 알아줄 것이라는 말이다. 이 '숨어있는 용'이

04 | 동파 초상

문제였다. 신법당은 이 마지막 구절이 현 황제를 부정하고 아직 나타나지 않은 미래의 황제를 암시하는 것으로 억지해석을 내렸다. 흔히 '용'은 황제를 뜻하기 때문이다. 황제와 조정을 능멸하고 모욕한 죄는 결코 가볍지 않았다. 목숨이 경각에 달려있는 시기에 소동파가 처음 과거에 급제할 당시의 군주였던 인종(仁宗)의 비였던 인종태후(현 황제 신종의 어머니)가 사망했다. 그녀는 죽기 전 황제에게 다음과 같이 말했다.

> 소식, 소철 두 형제가 진사 시험에 나란히 급제하던 날, 선제이신 인종 황제께서는 장래의 재상감을 찾아내 후세에 물려주게 되어서 무척 기쁘다고 말씀하셨던 것이 기억납니다. 요사이 듣자 하니, 소식이 시문으로 인하여 탄핵받아 심문을 받고 있다는데, 이는 아마도 소인배들이 그를 모함해 꾸민 농간일 것입니다. 그들이 소식의 정치적 경력에서 아무 하자도 찾아내지 못하자, 그의 시문을 가지고 죄를 뒤집어씌우려는 것이 아니고 무엇이겠습니까? 공소하기에는 너무나 사소한 문제에 불과하다고 여기지 않으십니까? 모든 것을 없었던 일로 돌릴 수는 없겠지만, 무고한 자를 처벌하셔서는 안 됩니다. 하늘이 노하실 것입니다.

결국 신종 황제는 신법당의 기대와는 크게 어긋나게 동파를 황주로 유배하는 것으로 모든 사건을 종결지었다. 동파는 단련부사(團練副使)라는 소관직에 임명되었고, 제한구역을 벗어날 수 없었으며 공문을 비준할 권한도 없었다.

5.

동파가 죽기 얼마 전에 남긴 시로 자신의 모습을 그린 초상화
에 쓴 〈금산에서 그려준 초상화에 쓰다(自題金山畵像)〉라는 시가
있다.

心似已灰之木(심사이회지목), 마음은 이미 재가 돼버린 나무
身如不系之舟(신여불계지주), 몸은 매이지 않은 배
問汝平生功業(문여평생공업), 그대 평생의 공업이 무엇이뇨
黃州惠州儋州(황주혜주담주), 황주, 혜주, 담주라네

마음은 타버린 재처럼 아무런 희망도 없고, 몸은 묶이지 않은
배처럼 정처없이 천하를 떠돌았다. 신법 정치의 회오리 속에서 평
생 이리저리 유배지를 떠돈 자신의 삶에 대한 회한이 짙게 서려있
다. 동파는 그림 속의 동파에게 묻는다. 쭈글쭈글 늙어버린 동파
여, 마지막 석양이 멀지 않았다. 그대 평생 한 일이 무엇인가. 그림
속의 동파가 희미하게 웃으며 말한다. 글쎄, 공업이라할 것이 뭐
있을까? 평생을 황주로, 혜주로, 담주로 떠돌며 바람처럼 살다 가
는 인생이거늘. 동파가 다시 그림 속의 동파의 손을 잡고 따뜻하
게 말한다. 동파여, 황주, 혜주, 담주가 어찌 유형의 땅이었을 뿐이
겠는가. 바로 그곳이 바로 동파 당신을 빚어낸 곳이 아니었겠는
가. 당신의 문학이, 당신의 예술이 태어난 곳, 세세년년 수많은 사
람들이 당신을 영원히 기억하게 만들 위대한 정신의 산실이 아니
었던가. 허허, 그런가. 따지고 보면 또 그렇기도 하지. 황주, 혜주,
담주가 없었다면 어찌 동파가 있었을까. 그럼 내 평생의 공업을
묻는 그대 질문에 이렇게 대답해야 하겠군. 내 공업을 알고 싶다
면 황주, 혜주, 담주에서의 내 삶을 들여다 보시게. 이렇게 말야.

황주시기에 가장 주목 받는 작품은 우리에게도 잘 알려진 〈적
벽부赤壁賦〉이다. 오대시안의 필화사건으로 생사의 갈림길에서

겨우 목숨을 건진 뒤, 피폐해진 심신을 위로하고 달래면서 그의 삶
과 문학을 더욱 높은 차원으로 이끌었던 것은 황주의 빼어난 자연
이었다. 〈적벽부〉의 한 단락을 보자.

> 임술년 가을 칠월 십육일 밤,
> 소식이 객과 더불어 적벽에 배를 띄워 노닐었더니
> 청풍이 살랑 불어 물결이 일지 않누나.
> 술잔 들어 객에 권하고는
> 명월의 시를 읊고 명월의 노래를 부른다네.
> 이윽고 달이 동산 위로 떠올라
> 북두성 견우성 사이에서 배회하는데
> 흰 이슬이 강에 자욱하게 내리고
> 물빛이 하늘에 닿았더라
> 일엽편주 가는 대로 맡겨 두었더니
> 아득한 만경창파를 건너가는구나
> 넓고 넓어 바람을 타고 허공을 나는 듯
> 어디서 그칠까
> 살랑살랑 나부끼며 세상을 버리고 홀로 우뚝 서서
> 날개 달고 선계에 오른 듯하구나
>
> 壬戌之秋, 七月旣望, 蘇子與客泛舟遊於赤壁之下.
> 淸風徐來, 水波不興.
> 擧酒屬客, 誦明月之詩, 歌窈窕之章.

少焉, 月出於東山之上, 徘徊於斗牛之間.
白露橫江, 水光接天.

縱一葦之所如, 凌萬頃之茫然.
浩浩乎如馮虛御風, 而不知其所止, 飄飄乎如遺世獨立, 羽化而登仙.

또한 무릇 하늘과 땅 사이 모든 만물은 각기 주인이 있는 법,
내 것이 아니라면 터럭 하나라도 취하지 않을 것이라.
다만 강 위에 부는 맑은 바람과 산에 뜬 밝은 달은
귀로 들어 음악이 되고
눈으로 보아 그림이 되네.
취하여도 금하는 이 없고
써도 써도 다함이 없느니,
이는 조물주가 허락한 끝없는 보물이라
그대와 내가 함께 즐기는 바로다.

且夫天地之間, 物各有主.
苟非吾之所有, 雖一毫而莫取.
惟江上之淸風, 與山間之明月, 耳得之而爲聲, 目遇之而成色.
取之無禁, 用之不竭.
是造物者之無盡藏也, 而吾與子之所共適.

45세에 시작한 유배 생활은 황주에서 상주(常州)로, 등주(登州)로 자리를 옮겨가면서 50세가 될 때까지 약 5년간 지속되었다. 신법은 실패하고 젊은 황제도 죽었다. 태황태후가 어린 손자 철종을 도와 수렴청정하면서 소동파는 유배에서 풀려나고 고속 승진을 거듭해서 등주태수에서 중서사인(中書舍人), 다시 한림학사지제고(翰林學士知制誥), 다시 병부상서(兵部尙書)를 거쳐 예부상서(禮部尙書)까지 초고속 승진을 했다. 58세가 되던 해 그의 막강한 후원자였던 태황태후가 죽자 그의 정치적 행보에도 암운이 드리워졌다. 밀려났던 신법당의 인물들이 철종의 측근이 되어 정치를 좌지우지하면서 동파는 다시 멀고먼 광동성 광주에서 동쪽으로

100여 킬로 떨어진 혜주로 유배되었다.

6.

정치적으로 다시 한번 크게 좌절을 맛보았으나 그에게는 문학이, 예술이 있었다. 무엇보다도 천성적인 쾌활함과 달관적인 인생관은 척박한 유형의 땅에서도 그의 삶을 유쾌하게 이끌었다. 혜주에서 동파는 술과 관련된 글을 많이 남기고 있다. 그 중에 〈서동고자전후(書東皐子傳後)〉 하나를 보도록 하자.

나는 하루에 겨우 5합 정도밖에 술을 마시지 못한다. 세상에 나처럼 주량이 적은 사람도 없을 것이다. 오히려 나는 사람들이 술을 마시고 있는 모습을 바라보는 것을 더 좋아하는 편이다. 친구들이 술잔을 들어 술을 천천히 목구멍으로 넘길 때, 나는 내 가슴 속으로부터 모종의 기쁨과 흥분마저 솟아오르는 것을 느끼며, 술 마시는 친구보다 더 큰 기쁨을 맛본다. 매일 방문객이 찾아오는데, 그때마다 나는 술을 대접하지 않은 적이 거의 없다. 그러니 이 세상에 나보다 더한 애주가는 없을 것이다.

내 생각엔 사람이 가질 수 있는 낙 가운데, 최대의 낙이 두 가지 있다. 하나는 질병이 없어 건강한 것이요, 둘째는 마음에 근심 걱정이 없는 것이다. 나는 질병도 걱정거리도 없지만, 세상에는 이런 것들로 고통을 받는 사람들이 있다. 내가 이런 이들을 만났을 때 어떻게 하여야 그들을 기쁘게 해줄 것인가? 나는 궁리 끝에 내가 가는 곳마다 몇 가지 양약을 가지고 다니며, 그것이 필요한 이들에게 나누어 주었다. 나는 특히 친구들을 위해 술 빚는 것을 아주 좋아한다. 어떤 이는 내게 묻길, "당신은 병도 없는데 왜 약을 가지고 다니고, 술도 마시지 않으면서 왜 술을 빚으시오? 무엇하러 남을 위해 귀찮은 일을 하시오?" 하고 묻는다. 그럴 때면 나는 웃으면서 이렇게 대답한다. "아니오. 나는 순전히 나 자신을 위해 이렇게 한다오. 몸이 아픈 이가 내 약을 얻어갈 때 나는 내 몸이 한층 건강하게 느껴지고, 친구가 술을 마셔서 어느 정도 얼큰하게 취한 걸 보면 나도 기분이 좋아진답니다."

이 즈음에 쓴 '묽디 묽은 술'이라는 뜻의 〈박박주薄薄酒〉라는 시에는 "묽디묽은 술도 차보다는 낮고, 거칠고 거친 삼베라도 치마 없는 것보다는 나으며, 추한 처나 악한 첩이라도 빈방에 홀로 사는 것보단 낫다.(薄薄酒, 勝茶湯. 粗粗布, 勝無裳. 醜妻惡妾勝空房)"라는 재미있는 내용이 있어 술에 대한 동파의 경도를 알려준다.

동파는 만년을 혜주에서 안주할 수 있으려니 여기고 있었는데, 뜻밖에도 다시 해외로 유배되었다. 해남도로 옮겨가라는 명령이 도달했다. 동파는 봄바람이 부는 가운데 낮잠을 즐기다가 집 뒤 사원에서 들려오는 종소리를 어렴풋이 듣는 정경을 시로 읊었었다. 그런데 그를 박해하던 조정의 인사가 그 시를 읽고는 "이제 보니 소동파가 편안하게 세월을 보내고 있었군!"하며 추방 명령을 내렸다고 한다.

7.

예순이 넘은 노인 동파에게 바다 건너 해남도의 생활은 처음에는 예상했던 것보다 힘들었던 것 같다. 그는 해남도로 떠나가기 전에 쓴 편지에서 "나는 장자인 매(邁)에게 제 사후의 문제에 대해 얘기해 두었습니다. 해남에 도착하는 대로 제일 먼저 제 관을 만들고, 그 다음엔 무덤을 만들려고 합니다"라고 썼을 정도로 살아서 해남도를 나오지 못할 것이라 생각했다. 해남도는 중원지방에서 살던 중국인에게는 적응하기 어려운 곳이었다. 여름에는 견딜 수 없을 정도로 무더웠고 겨울에는 짙은 안개가 자주 끼었다. 가을 우기에는 무엇이든 아무데나 모두 곰팡이가 슬었다. 하지만 동파는 금새 이런 환경에 적응했다. 그의 특유의 낙천적인 성격이 모든 것에 긍정적 의미를 부여했던 것이다.

영남의 기후는 습기차다. 여름이면 눅눅하고 끈끈한 기운이 땅에서 올라온다. 특히 해남은 더 심하다. 늦여름과 초가을 사이쯤에는 모든 물건들이 다 썩어버린다. 사람이 돌이나 쇠로 만들어지지 않은 이상 이런 날씨를 어떻게 오래도록 견딜 수 있겠는가. 그런데도 나는 이곳에서 80~90세 된 노인은 말할 것도 없고, 100세가 넘는 노인들도 많은 것을 보았다. 이를 보니 장수의 비결은 환경에 잘 적응하는 데 있는 것 같다는 생각이 든다. 불도마뱀은 불 속에서도 살 수 있고, 누에의 알들은 얼음 속에서도 살아남는다. 이따금 정신력으로 마음에 잡념을 모두 없애고, 육신의 존재를 초월할 수 있을 때는 얼음이 꽁꽁 어는 추위나 무섭게 내리쬐는 태양 아래서도 잘 견딜 수 있을 것 같다. 이런 식으로 한다면 백 살 넘어까지 장수하는 것도 그리 어려운 일은 아니다.

해남도에는 쌀이 귀했다. 대륙으로부터 오는 쌀을 실고 오는 배가 겨울 풍랑으로 인해 해남도에 닿지 못하면 동파는 심한 굶주림으로 고생해야 했다. 동파는 채소탕을 만들고 우엉을 끓여 주식으로 대용하기도 했는데, 그간에 지은 〈곡기를 끊다(辟穀)〉라는 글에 다음과 같은 내용이 있다.

낙양에 살던 어떤 사람이 깊은 구덩이에 빠졌다. 그 구덩이에는 개구리와 뱀들이 살고 있었다. 이 사람은 동물들이 아침이면 머리를 돌틈으로 내놓고 비쳐 들어오는 햇빛을 향해 고개를 돌리고 햇빛을 꿀꺽꿀꺽 삼키는 모양을 하는 것을 보았다. 배고프기도 하고 호기심도 있고 해서 그 사람은 동물들 흉내를 내보니, 배고픈 기운이 완전히 가시는 것이었다. 나중에 이 사람은 구출되었고 이후로부터는 배고픈 것을 모르고 살았다. 이렇게 간단한 것을 왜 사람들은 모르고 있을까? 안다 해도 이를 실행하지는 못한다. 이는 자기 훈련이 잘 되어 있는 사람에게만 가능하기 때문이리라. 담주에서는 쌀값이 무척 비싸고 우리의 생필품은 다 떨어졌다. 그래서 나는 아들과 함께 햇빛을 먹는 훈련을 할까 생각중이다. 1099년 4월 19일

하지만 해남도의 주민들이 동파가 배를 곯게 내버려두지 않았다. 그를 존경했던 많은 관리들과 이웃들이 항상 그에게 먹을 것을 제공했고, 그는 흔연히 그들의 도움을 받으며 함께 어울렸다. 약초학에 밝았던 동파는 약초를 캐어서 섬 주민들을 치료했고, 문화적으로 낙후한 이곳 젊은이들에게 최고의 교육을 선사했다. 그가 떠난 후 3년 후에 해남에서 처음으로 거인(擧人)이 배출되었고, 9년 뒤에는 해남도 처음으로 진사가 배출되었다.

1100년 철종이 죽고 신종황후가 섭정을 하면서 동파는 사면되었다. 그가 해남도를 떠나며 남긴 〈해남 여족 표와 이별하면서〉라는 시를 보면 그의 해남도에 대한 애정이 지극했음을 알 수 있다.

我本海南民(아본해남민), 내 본시 해남도의 사람이었거늘
寄生西蜀州(기생서촉주)。 어쩌다 서쪽 촉주에서 태어났었지.
忽然跨海去(홀연과해거), 지금 홀연 바다를 건너가느니
譬如事遠游(비여사원유)。 멀리 노닐러 가는 것이라 하겠네.
平生生死夢(평생생사몽), 평생의 삶과 죽음, 꿈이여
三者無劣优(삼자무열우)。 이 셋 모두 나쁠 것도 좋을 것도 없었다네.
知君不再見(지군부재견), 그대를 알고 다시 보지 못하게 되니
欲去且少留(욕거차소류)。 떠나려다 가지 못하고 다시 잠시 머문다네.

동파가 바다를 건너 북상하여 강소성 상주에 도착한 것은 해남

도를 출발한 지 근 11개월이 지난 1100년 6월이었다. 긴 여행으로
동파의 몸은 쇠할 대로 쇠했고 마침내 병을 얻어 7월 28일 66세로
생을 마감하였다.

人生到處知何似(인생도처지하사), 인생살이 무엇과 같은가
應似飛鴻踏雪泥(응사비홍답설니). 기러기 날다 눈 진흙을 밟은 것과 같다네
泥上偶然留指爪(니상우연류지조), 진흙 위에 우연히 발자국을 남겼을 뿐
鴻飛那復計東西(홍비나부계동서). 기러기 날아가면 동서를 어찌 알리요
老僧已死成新塔(노승이사성신탑), 늙은 스님은 이미 죽어 새 탑이 되고
坏壁無由見舊題(괴벽무유견구제). 벽 허물어져 옛날 시를 볼 수 없는데
往日崎嶇君知否(왕일기구군지부), 지난 날 고생했던 일 아직 기억하고 있는가.
路長人困蹇驢嘶(노장인곤건려시). 길 멀고 사람 지치고 절름거리며 나귀는
　　　　　　　　　　　　　　　　　　울었었지.

　　　　　- 소동파의 〈자유의 '민지회구' 시에 화답하여(和子由澠池怀旧)〉

세계의 섬을 찾아가다

사할린 섬과 한국인

- 검은 강으로 들어가는 바위 -

정혜경 국무총리 소속 대일항쟁기 강제동원피해조사 및
국외강제동원 등 지원위원회 조사2과장

▲ 화태(남사할린) 주요 지역의 지명

사할린 섬과 한국인[1]
- 검은 강으로 들어가는 바위 -

I. 사할린 섬 – 검은 강으로 들어가는 바위

1. 사할린(Sakhalin, Сахалнн), 가라후토(樺太), 화태

사할린은 러시아의 유일한 섬이자 세계에서 열 아홉 번째로 큰 섬이다. 제주도와는 자매결연도시이기도 하다. 한국사에 기록된 명칭은 사할린과 가라후토(樺太), 그리고 화태이다.

사할린(Sakhalin, Сахалнн)은 몽골-타타르인이 지은 이름이다. 13~14세기에 연해주와 사할린 지역에 들어왔던 몽골-타타르인들은 아무르 강을 '사할랸-울라' 라고, 강 하구 지역에 위치한 땅은

01 | 탄광촌 우글레고르스크의 한인(2005.8. 촬영)

---

1) 1945년 8월을 기점으로 '조선인' 과 '한국인(한인)' 으로 표기

'검은 강으로 들어가는 바위' 라고 불렀다.

이같이 아시아적 기원을 가진 지명은 1737년 파리에서 발간된 지도에서 '사찰린엔 앙가-하타(Sachalien anga-hata)' 라는 라틴 문자로 표기되어 서구인들에게 선을 보였다. 이 타타르식 지명은 1849년에 사할린이 반도가 아닌 섬이라는 사실을 입증해낸 러시아인 탐험가 네벨스키(Г. И . Невельскпй) 대위에 의해 공식 채택되어 오늘까지 이어지고 있다.

樺太는 러일전쟁 이후 남부사할린에 대해 일본이 명명한 이름으로, 일본어 발음은 가라후토이다. 일본인들은 사할린을 가라후토(樺太:몽골인들이 도착하기 이전부터 이 땅에 정착해 있었던 아이누식 명칭을 차용. '자작나무의 섬' 이란 의미), 혹은 북에조(北蝦夷)로 불러왔다.[2]

02 | 일본 제국과 화태(국무총리 소속 일제강점하 강제동원진상규명위원회, 『강제동원명부해제집1』, 2009)

화태란 식민지 시기부터 오랫동안 조선 사회에서 남부 사할린 지역을 한자의 독음을 차용하여 부른 지명이다.

2. 악마의 섬, 사할린

러시아연방 사할린주는 사할린(Sakhalin), 모네론(Moneron), 츄레니(Tyuleniy), 쿠릴열도(Kuril Is.) 등으로 구성되어 있다. 총면적은 87,100km²로, 주의 대부분을 차지하고 있는 사할린 섬의 면적은 약 78,000km²이다. 북위 46도부터 54도 사이에 걸쳐 있으며 남북으로 긴 형태이다.[3]

사할린 섬은 북부와 남부가 산맥으로 구분되어 있다. 섬 남쪽에는 산지가 많으며 북부지역은 평야지대(툰드라 지대)이다. 고고학자들에 의하면 6만~4만 년까지 홋카이도와 연결되어 있다가 약 1만 년 전에 지금과 같은 섬의 모습이 되었다고 한다.

사할린 선주민의 역사는 약 5,000~6,000년 전으로 거슬러 올라간다. 이 시기 아무르 강 유역에 거주하던 니브히(Nivkhi)의 조상들이 사할린으로 이주한 것으로 추정되지만 고대 동북아시아사에서 이들의 흔적은 찾기 어렵다. 사할린이 역사에 자주 발견되기 시작한 것은 몽골이 중국과 동북아를 평정하면서부터이다.

러시아와 일본 측은 17세기에 들어서 탐험을 실시했고, 19세기 초에 사할린을 재발견했다. 이 지역의 지정학적 중요성과 천연자

---

2) 방일권, 「해제」, 『강제동원구술기록집2 - 검은 대륙으로 끌려간 조선인들』, 일제강점하강제동원피해진상규명위원회, 2006, p.307.
3) 상세한 내용은 뷔소코프의 저서 참조(ミハイル・スタニスラヴォヴィチ・ヴィソーコフ他著, 板橋政樹 譯, 『サハリンの歴史 : サハリンとクリル諸島の先史から現代まで』, 札幌 : 北海道撮影社, 2000.)

원의 가치에 대해 눈뜨면서 양국이 영토 문제를 둘러싸고 본격적 대치를 시작했고 그 갈등은 형태와 지역을 달리한 채 오늘까지 이 어졌다.

제정러시아는 일본이 사할린에 관심을 보이자 19세기 중반 이 후 자국민 이주 지원 정책을 폈지만 자발적인 이민을 통한 식민 활 동의 한계를 인식하게 되자, 유형민(죄수)과 가족을 매년 수 백 명 씩 정착시키는 정책으로 전환했다. 1869년에는 사할린을 공식 유 배지로 공포하면서 유형자의 가족 동반을 허용했고 형기를 마친 유형자들(정치범과 형사범)도 섬에 남도록 유도했다.

이 같은 정책의 결과, 러시아인들에게 사할린 섬은 낭만적인 '자작나무의 섬'이 아니라 '악마의 섬'으로 깊이 각인되었다. 당 대 러시아 최고의 단편작가로 꼽히는 안톤 체홉이 경험한 사할린 섬도 마찬가지였다. 1890년 4월 체홉은 석 달 간 여행 기간 중, 하 루 18시간씩 수 천 명의 죄수들을 관찰하고 기록한 면담자료를 카 드에 정리해두었다가 『사할린 섬』(1893년 출간)에 담았다. "유럽 화 된 러시아에서 온 우리는 외국인들처럼 보이는 듯 했다." 체홉 이 받은 사할린의 첫 인상은 생경함이었다.[4]

이러한 점은 이후에도 계속되어 현재까지도 본토의 러시아인 이 사할린 섬 거주 러시아인을 보는 시각은 편향되어 있다. 한인 사회에서도 사할린에 거주하는 한인은 '까레이스키'와 달리 '사 할린 동포'로 구별된다.

---

4) 방일권, 「해제」, 『강제동원구술기록집2 - 검은 대륙으로 끌려간 조선인들』, p.305.

3. 여러 주인을 거쳐 일본의 영토로

1263년, 몽골군은 아무르 강 하류까지 진출한 후, 1만여 명의 병력을 동원해 이 지역의 니브히와 여러 종족들을 평정하고 지배했다. 몽골 세력은 1368년 원이 멸망하자 사할린에서 철수하였으나 원의 뒤를 이은 명(明)이 1409년 아무르 강 하류와 사할린의 여러 종족을 장악하는데 성공했다. 홋카이도에 거주하던 선주민 아이누들은 13세기에 일본인들이 홋카이도 남부로 진출하자 사할린과 쿠릴 열도로 밀려나기 시작했다.

물론 16세기 말에 대륙으로부터 퉁구스와 울타가 섬에 들어왔으나 이 시기 사할린섬은 국가가 없고 여러 민족이 혼재되어 있는 지역이었다. 17세기 이후에는 청(淸)과 러시아, 일본이 사할린과 쿠릴을 놓고 각축을 벌였다. 일본에서는 마쓰마에번(松前藩)이 중심이 되어 1635년 탐험대를 파견하고, 이듬해에 가신을 1년 이상 체류시켰다. 1644년에는 1630년대의 정보를 토대로 사할린과 쿠릴의 지도를 제작했다.

서구인이 바다를 통해 사할린 인근에 나타난 것은 네덜란드의 마르틴 게르리첸 프리스가 최초이다. 그는 1643년 6월 쿠릴에, 7월 14일에는 아나와만 방면으로 상륙했다.

1636년, 러시아가 우랄 산맥 동쪽으로 파견한 코사크(Cossack) 부대가 오호츠크에 도달해서 아무르 개발에 나섰으나 당시 중국 대륙을 장악한 청의 반대로 1650년대에 청과 러시아 군대 사이에 전투가 발생했다. 1658년 이 전투에서 만주족이 승리함으로써 아무르 하류 지역은 만주족 세력으로 들어갔다. 1689년 러시아가 청과 네르친스크조약을 체결하고 철수하자 1709년 청의 강희제(康熙帝)는 아무르 하류지역으로 탐험대를 파견하여 사할린까지 지배권을 확장했다.

만주족에게 패해 캄차카로 진출한 러시아는 1711년 쿠릴열도의 슘슈(Shumshu, 占守島)에 상륙한 후 1778~9년에는 쿠릴열도를 완전히 장악했다. 19세기 초에 쿠릴에서 러시아인과 일본인 사이에 발생한 분쟁들을 해결하기 위한 상트페테르부르크조약(樺太千島交換條約. 1875.4.25. 조인)으로 제정러시아는 사할린을 완전히 장악하였고 일본은 쿠릴열도['북방 4도'(에토로후, 구나시리, 시코탄, 하보마이 제도)]에 대한 권리를 확보했다.

1852년 사할린에서 석탄이 발견되며 주요산업으로 등장하자 제정러시아는 러시아인들의 이주를 추진했다. 러시아인들은 1879년 이후 이주하기 시작해 1895년에는 147개의 러시아인 촌락이 건설되었고, 러일전쟁 이전까지 러시아인 인구가 4만 명을 넘었으며, 아이누를 비롯한 선주민은 전체인구의 15%(1897년)를 밑돌았다.

제정러시아의 영토였던 사할린 가운데 남사할린이 일본의 영토가 된 것은 1905년 러일 전쟁 및 러일강화조약(9.5)의 결과였다. 이 조약에 따라 북위 50도 이남의 사할린과 인근 도서[면적은 36,090km². 남북 길이 455.6km]가 일본에 양도되고, 남부에 거주하던 러시아인들이 철수했다.

남사할린을 장악한 일본은 지명을 가라후토(樺太)로 명명하고 1907년 도요하라(豊原. 원래 지명 블라디미로프카)에 화태청(樺太廳)을 설치했다. 남사할린 통치에 만족하지 않았던 일본은 1917년, 볼쉐비크혁명으로 제정러시아가 무정부상태에 들어서자 이 기회를 이용해 1920년, 북사할린을 점령하고, 알렉산드로프스크에 석탄회사(북화태광업주식회사), 오하에 석유회사(북화태석유

주식회사)를 설립했다. 소련이 들어서자 1925년, 일본은 북사할린에서 철수했으나 이들 기업에 대한 일본의 기득권은 1944년까지 보장되었다.[5]

〈일본의 樺太 통치 약사〉
- 여명시대(1907~1912) : 둔전병 체제를 시발점으로 하는 개척. 농업자의 이주 중심(토지 대부)
- 자유이민시대(1912~1926) : 일반인을 대상으로 이민 모집
- 집단이민시대(1926~1935) : 계획적인 자원개발을 위한 이민. 홋카이도 입식(入植)이 대다수
- 전쟁동원시기(1937년 이후) : 1938년부터 조선인 강제동원이 주를 이룸

초기 일본의 사할린 영유목적은 러시아에 대한 대응책이라는 군사전략상의 필요 때문이었으나 사할린 영유가 확정된 이후에는 어업, 임업, 펄프공업, 석탄채굴 등 산업적 측면이 강조되기 시작했다. 이에 따라 분야별 척식사업이 진행되고 이를 위해 이주민 입식 사업이 본격화되었다.

Ⅱ. 사할린 섬과 한국인

1. 사할린 섬에 이주한 조선인

사할린 섬에 이주한 조선인 역사를 남과 북으로 나누어 살펴보면 다음과 같다.

---

5) 국립민속박물관, 『러시아 사할린 · 연해주 한인동포의 생활문화』, 2001, p.30, p.44.

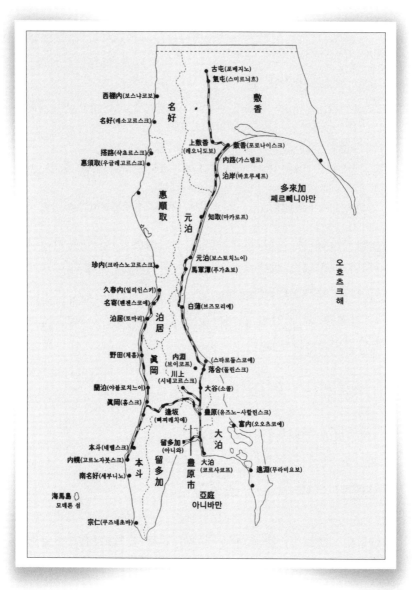

古屯(포베지노)
氣屯(스미르늬흐)
西柵内(보스냐코보)
名好(레소고르스크)
敷香
名好
搭路(샥쵸르스크)
惠須取(우글레고르스크)
上敷香
(레오니도보)
敷香(포로나이스크)
内路(가스텔로)
泊岸(바호루셰프)
惠順取
元泊
多来加
쩨르삐니야만
知取(마카로프)
珍内(크라스노고르스크)
元泊(보스토치늬이)
馬蕾潭(푸가쵸보)
오호츠크해
久春内(일리인스키)
名寄(뺀쩬스코예)
泊居(토마리)
泊居
白蒲(브즈모리예)
野田(제흉)
眞岡
内淵
(브이코프)
(스타로돌스코예)
落合(돌린스크)
蘭泊(야블로치늬이)
川上
(시네고르스크)
眞岡(홈스크)
大谷(소꼴)
逢坂
(뼤쩨쩨치예)
豊原(유즈노-사할린스크)
富内(오오츠코에)
本斗(네벨스크)
留多加
(아니와)
大泊
内幌(고르노자봇스크)
南名好(세부니노)
本斗
留多加
豊原市
大泊
(코르사코프)
遠淵(무라비요보)
海馬島
모데론 섬
亞庭
아니바만
宗仁(쿠즈네초바)

03 | 화태(남사할린) 주요 지역의 지명
방일권 박사 작성

조선인 이주 과정(북사할린)	조선인 이주 과정(남사할린)
1870년대, 1880년대 조선인 어부 수십 명이 정착	
1905년 이후, 조선인 정치망명자들이 이주	
1910년, 조선인 정치망명자들이 '상호부조협회'를 조직하고 토지를 구입. 도우에 광산에서 조선인과 중국인 노동자 500명이 파업을 일으켰으나 군부대에 의해 진압. 이후 조선인 광부들의 활동(파업 등)이 조직적으로 이루어짐	1919년, 조선인 광부 500명이 취로
1920년, 일본의 북사할린 점령 이후 남사할린 지역의 조선인들이 북사할린으로 이주하여 광산과 유전에서 노동자로, 어부로 일을 함(1920년 609명/ 1923년 1,431명/ 1931년 1,767명)	1920년대 중반 이후, 연해주나 북사할린에서 온 조선인들이 거주
1937년, 소련정부에 의해 북사할린 거주 조선인 1,155명이 소련 대륙으로 강제 이주됨	1938년~, 국가총동원법에 의거한 강제동원 개시
	1941년~ 1943년, 탄광개발을 위해 조선인 성인남자 16,113명을 동원
	내무성, 1943년부터 정책적으로 탄광노동자의 생산성 증대를 위해 가족 이주 조치(가족모집)
	1944년 9~12월 : 주요 탄광(12개소)을 폐산하고 조선인 탄부 3,191명을 일본 본토로 이동(전환탄부, 재징용). 가족을 강제적으로 분리

　일본 정부가 화태를 차지한 이후 전략적 가치와 자원 개발의 효율성을 인정하고 각종 자원 확보에 노력을 기울이면서 조선인 노동력에 대한 필요성도 높아졌다. 초기에는 중국인 노동자들이 철도공사와 제지공장, 탄광 등지에서 일을 했으나 1920년대에 들어서는 조선인의 수가 중국인 노동자수를 상회했다. 조선인 노동력의 증가는 일본의 전쟁 발발 이후 더욱 촉진되었다.

표 1 | 화태 인구내역 추이[6]

연도	총인구	일본인	원주민	외국인	중국인	조선인		
						남	여	총수
1906	12,361	10,806	1986	227	13	17	7	24
1921	103,630	101,329	1724	96	19	434	28	462
1925	189,036	183,742	1724	161	203	2,324	882	3,206
1930	284,930	277,279	1933	184	175	3,703	1,656	5,359
1935	322,475	313,115	1955	249	103	4,521	2,532	7,053
1936	321,765	312,926	1876	237	122	4,231	2,373	6,604
1937	326,946	318,321	1746	218	69	4,153	2,439	6,592
1938	339,357	329,743	1648	233	108	4,803	2,822	7,625
1939	355,330	344,342	1666	225	101	5,915	3,081	8,996
1940	398,838	380,803	1660	213	106	11,661	4,395	16,056
1941	406,557	386,058*	425	202	104	13,603	6,165	19,768
1943*	-	-	-	-	-	18,213	7,552	25,765
1944*	-	-	-	-	-			26,825

* 1941년의 일본인 통계에는 아이누인 포함
* 1943, 1944 통계 : 長澤秀, 「戰時下南樺太の被强制連行朝鮮人炭鑛夫について」, p.24, 표3 재인용
〈자료〉『樺太要覽』, 『樺太廳統計書』, 『樺太廳治一斑』(朝鮮人强制連行眞相調査團編, 『朝鮮人强制連行强制勞動の記錄 - 北海道·千島·樺太編』, 現代史出版會, 1975, p.352 재구성)

　　남사할린에 입도(入島)한 조선인은 크게 두 종류로 구분된다. 첫째, 취업이주자이다. 1870~80년대 어부 수십 명이 정착한 후 1939년까지 이주했다. 초기에는 북사할린에 거주했으나 일본이 북사할린에서 퇴각한 후 남사할린에 집중되었다.

------

6) 김민영 논문의 도표에는 1930년의 일본인 인구가 남 155,006명, 여 12,273명으로 기재되어 있으나 총인구와 일본인 인구의 차이가 너무 많고, 1930년 총인구와 민족별 인구 내역의 총수가 맞지 않으며, 1925년 여성 인구 78,685명에 비해 여성 인구수가 급감한 것으로 볼 때, 여성 숫자는 잘못된 것으로 판단된다. 김민영, 「사할린 한인의 이주와 노동, 1939-1945」, 『국제지역연구』4-1, 2000, pp.28~29.

04 | 샥쵸르스크(당시 지명 나요시)에 남은 옛 나가야의 모습. 창문 하나가 한 집이다. 그 후 화재로 소실되었다. (2005.8.6. 촬영)

05 | 눈 덮인 산에서 달구지를 이용해 나무를 나르는 모습(대일항쟁기 강제동원피해조사 및 국외강제동원희생자 등 지원위원회 소장 자료)

　둘째, 강제동원피해자로써 두 가지 방식으로 동원되었다. 하나는 한반도에서 직접 동원된 경우이고, 다른 하나는 일본 본토와 홋카이도 지역에서 이동한 경우이다.

　조선총독부 재무국이 작성한 통계(1939~1943년간 조선인 노무동원 통계) 등 각종 자료에 의하면, 조선인들의 일터는 석탄광산, 금속광산, 토목건축, 삼림장(제지 공장의 근간), 수산업(고래잡이 중심), 공장 등이었다.[7] 이 가운데 탄광(주로 갱내부)이 다수이다.

　현재 한국정부가 공식적으로 밝힌 강제동원 피해자는 최대 3만명이다.

　남사할린에서 가동된 탄광은 56개이고, 이중 35개 작업장에서 조선인 동원이 확인된다. 조선인 동원 작업장의 분포를 살펴보면 약 2/3이 서해안 북부탄전에 집중되어 있음을 알 수 있다. 탄광 중에는 미쓰비시(三菱), 미쓰이(三井), 오지제지(王子製紙), 닛테쓰

---

7) 朝鮮總督府, 「第85回帝國議會說明資料」(長澤秀, 「戰時下南樺太の被强制連行朝鮮人炭礦夫について」, p.25, 표4 재인용·)

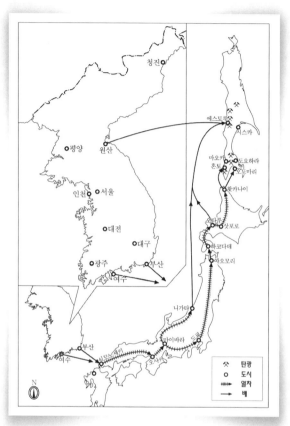

06 | 한반도에서 일본을 거쳐 화태로 가는 이동 경로
(위원회 김명환 전문위원 작성)

(日鐵) 계열 등 대자본이 운영한 사업장[현존기업]도 다수 있으며, 조선인들도 다수 동원되었다.

조선인들은 탄광뿐만 아니라 남사할린 각지에 산재한 토목건축 공사장으로도 동원되었다. 오지제지의 펄프공장 및 이에 부속한 벌목장, 그밖에 비행장 등 군사시설 구축에도 동원되었다.

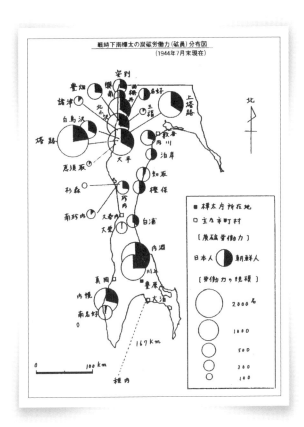

07 | 화태 탄광 조선
인노무자 분포도
(長澤秀, 「戰時下南樺太の
被强制連行朝鮮人炭鑛夫
について」, p.37.)

08 | 1940년대 사용했고, 2005년도에도 가동 중이었던
미쓰비시(三菱) 도로(塔路)탄광 선로 모습
(2005.8.6. 촬영)

09 | 화태 사진관에서 찍은
어느 탄부의 개인 사진
(위원회 2007년도 전시회
도록 - 끌려간 삶 · 조각난
기억)

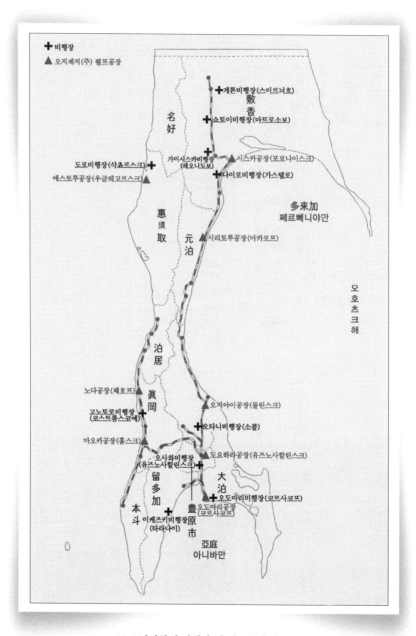

10 | 남사할린 비행장 및 펄프공장 분포도

2. 일본의 패전 후 남사할린 섬과 한국인

일본은 패전하였으나 사할린 조선인에게 해방은 오지 않았다. 일본의 패전이 준 선물은 일본인 민간인과 군경에 의한 조선인 학살사건이었다.

소련이 대일 선전포고 이후 8월 11일 소련군이 북위 50도선을 넘어 남하하기 시작하자 소련군의 진격소식을 들은 25연대장이자 수비대장이었던 고바야시(小林步一)는 즉각 국경지대에 거주하던 일반인의 피난을 명령했다. 이 과정에서 각지에서 일본인 민간인과 군경에 의한 조선인 학살사건이 발생했다. 전체 현황은 파악되지 않는다. 대표적인 사건을 소개하면 다음과 같다.[8]

● 가미시스카(上敷香. 현재 지명은 레오니도보) 경찰서 학살사건

소련이 대일 선전포고 이후 8월 11일 소련군이 북위 50도선을 넘어 남하하기 시작하자 1945년 8월 17일, 일본군은 화태 북동부의 가미시스카와 인근 지역을 포기하기로 결정하고 인근에 거주하던 조선인 중 유력자 18명을 '스파이' 라는 이유로 가미시스카 경찰서에 연행한 후 17~18일에 수십 명을 사살한 사건. 일본 헌병과 경찰관은 18일 아침 9시경, 학살 증거를 없애기 위해 가솔린을 부어 유치장 건물과 함께 주검을 불태웠다.

● 미즈호마을 학살사건

미즈호 촌(瑞穂. 현재 지명 뽀쟈르스꼬예. 250호 규모의 농가)에서 8월 20~25일에 일본군 도요하라(현재 지명 유즈노사할린스크) 연대지구와 사령관 산하 재향군인회가 조직한 의병전투대(일본 청년들)가 한 마을 조선인 27명을 몰살한 사건. 학살사건은 우발적인 사고가 아니라 계획적이었다. 미리 요시찰인물로 점을 찍어두었다가 일본이 후퇴를 할 즈음에 조선인과 가족들을 데려다가 학살을 하고, 시신을 불에 태워서 흔적을 없애버리거나 집을 습격해서 가족을 몰살시키는 식이다. 일본 청년들은 학살 이후에 시신을 마을

---

8) 정혜경, 『지독한 이별 - 1944년, 에스토르(惠須取)』, 선인출판사, 2012.

11 | 다나카의 유족 김경순이 세운 가미시스카 조선인 학살 추도비 '통한의 비'. 앞면은 한글로, 뒷면은 러시아어로 비문이 새겨져 있다.(2005.6.24. 촬영)

12 | 미즈호 27인 학살사건 추념비 (2007.8.31. 촬영)

뒷산에 풀로 덮어두었는데, 소련이 진주한 이후인 1946년 7월에 발굴되었다. 피살자 가운데에는 세 명의 여성과 여섯 명의 어린이가 포함되었고 학살방법도 참으로 잔혹했는데 조사를 담당했고 관련자를 처벌하기도 했던 소련의 KGB 조차 너무 잔혹하다고 기록할 정도였다.

1945년 8월 까지 남사할린은 일본 땅이었다. 일본어가 사용되는 지역이었다. 8월 28일 일본군인의 무장이 해제되니 더 이상 일본 땅이 아니었다. 그렇다고 조선인들의 해방의 땅도 아니었다. 소련 땅 사할린이었다. 이곳에는 세 종류의 낯선 사람들이 들어왔다. 소련인, 고려인, 북한 파견노동자.

일본 군인이 떠난 사할린에 들어온 첫 번째 사람들은 소련 군인이었다. 일본과 전쟁에서 승리한 점령자 군인. 그 다음으로 들어온 이들은 소련 정부의 사할린 개발 추진 계획의 하나로 이주한 소련 이민자들이었다.

낯선 이들에는 동포도 있었다. 한인을 관리하기 위해 같은 동포인 '고려인'이 등장했으나 사할린 한인의 입장을 이해할 수 있는 부류가 아니었다. 스탈린에 의해 강제이주를 당했던 이들이었고, 소련식 사할린 개발 추진을 위해 소련에서 파견되어 각 부문의 지도적 자리에 배치된 관리자였다. 조선말을 할 줄 아는 동포였지만 동포의 공감대를 느낄 수 없는 사람일 뿐이었다.

이들에게 일본 치하에 남사할린(화태)에 살면서 아무 저항도 하지 않았던 조선인은 일본의 스파이거나 반소(反蘇)분자일 뿐이었다.

1946년에는 새로운 '조선 사람'들도 사할린 땅을 밟았다. 북한에서 파견한 노동자들이었다. 이들은 탄광이나 삼림채벌장에서 일했다. 세 종류의 새로운 입도자들 속에서 사할린 동포들은 러시아어를 배우며 '생존'의 길을 찾아야 했다.[9]

3. '얼어붙은 땅'에 억류된 과정[10]

남사할린 섬의 조선인은 조국이 해방을 맞은 이후에도 '한국인'이 되지 못하고, '얼어붙은 땅'에 '억류된 동포'가 되었다.

소련은 1945년 8월 8일 대일선전포고를 발령한 후 남사할린으로 진격했다. 소련군은 23일 도요하라(유즈노사할린스크)에 진주하고 소야해협(宗谷海峽)을 봉쇄했다. 해협 봉쇄 전 약10명에 달하는 일본인들이 본국으로 탈출했으나, 약 30만 명의 주민들은 떠나지 못했다.

1946년 3월 GHQ는 「귀환(引揚)에 관한 각서(覺書)」를 공표하고, 이 각서를 기초로 도쿄(東京)에서 「소련지구귀환(蘇聯地區引

---

9) 상세한 내용은 정혜경, 『지독한 이별 - 1944년, 에스토르(惠須取)』, 선인출판사, 2012 참조.
10) 상세한 내용은 국무총리 소속 대일항쟁기 강제동원피해조사 및 국외강제동원희생자등 지원 위원회 ,『진상조사보고서 - 사할린 강제동원 조선인들의 실태 및 귀환』(연구자 김명환), 2011 참조.

揚)에 관한 미소협정」을 체결(12.19)했다. 이에 따라 1947년 봄부터 1948년 여름까지 남사할린과 쿠릴 열도에 있던 일본국민 264,063명(아이누 포함)이 본국으로 돌아갔다. 연합국간의 합의에 의해 수행된 이 송환조치에서 한인은 제외되었다.

이 시기 한인의 사할린 억류에 대해서는 당시 이해관계에 있었던 각국에 일정한 책임이 있다. 소련은, 일본인은 물론 폴란드인도 모두 귀국조치 시켰으나 한인만은 사할린에 잔류시켰다. 당시 소련은 송환된 일본인들의 빈자리를 러시아인들로 대체함으로써 남사할린의 소련화를 도모하고자 했다. 이 과정에서 한인의 노동력이 필요했다.

일본은 자국민의 송환에는 적극적이었으나 한인 송환문제에 대해서는 철저히 외면했다. 일본정부는 사할린 한인들의 귀환을 미·소 양국에 건의할 책임이 있었으나, 어떠한 노력도 하지 않았다. 오히려 미소간 협정에 의해 사할린 거주 일본인의 집단귀환이 결정되자, 일본정부는 귀환대상자를 '일본호적에 입적되어 있는 일본인'으로 한정하여 한인을 귀환대상에서 제외했다.

미국은 사할린 거주 한인 문제에 대한 별다른 이의를 제기하지 않고 협정을 소련과 체결함으로써 한인을 송환대상에서 배제시키는데 일정한 역할을 했다.

일본은 1차적인 일본인 송환조치 이후에도 남사할린에 남은 약 8만 명의 잔류 일본인들을 송환하기 위해 소련측과 교섭하여 「일소공동선언」을 발표(1956.10.19)했다. 이 선언으로 사할린 잔류 일본인뿐만 아니라 가족인 한인들의 일본 송환 길이 열렸다. 그 결과 1957년 8월 1일부터 1959년 9월 28일까지 총 7회에 걸쳐 일본인 766명과 그 동반가족인 한인 1,541명이 귀환했다. 일본인 송환은 거의 완료되었다. 그러나 한인들의 합법적인 귀국길은 1990년 한소수교 체결까지 막혀있었다.

현재 일본정부는 1965년 한일 청구권협정을 통하여 일본의 식민지 지배와 관련된 문제가 모두 해결되었다는 입장을 일관되고 고수하고 있다. 그러나 사할린 거주 한인들은 특수한 경우에 속한다. 한일청구권협정에 의하면, 협정의 대상은 일본과 한국 국민이었으므로 당시 소련령 사할린에 거주하고 있던 한인들은 그 대상에 포함되었다고 볼 수 없다.[11]

이 상황에 대해서는 이미 일본정부도 인정하고 있다. 1990년대 초 일본정부는 국회 답변을 통해 소련령 사할린 거주자에게 한일청구권협정의 효력이 미치지 않는다는 점을 확인했다.[12]

4. 귀국운동에서 영주귀국으로

1977년 소련 당국이 귀국운동을 하던 도만상 일가 9명을 비롯한 40명을 북한으로 강제추방한 후 얼어붙은 귀국문제를 풀기 위한 노력은 일본에서 시작되었다. 주인공은 1957년에 일본으로 귀환한 박노학(朴魯學)이다. 사할린 동포의 우편배달부로 유명한 박노학이 시작한 귀국운동은 1992년 영주귀국으로 결실을 이루었다.

---

11) "한일협정은 양 체약국 및 그 국민(법인을 포함함)의 재산, 권리 및 이익과 양 체약국 및 구 국민간의 청구권에 관한 문제" 「대한민국과 일본국간의 재산 및 청구권에 관한 문제 해결과 경제협력에 관한 협정」 제2조 제1항(한일수교회담문서공개등대책기획단, 『한일청구권협정 해석 참고자료』, p.21.)

12) 1991년 2월 22일 일본 중의원 예산위원회에서 이가라시 의원의 질의에 대해 일본 외무성 조약국장은 '한일기본조약의 청구권 협정 제2조 제3항은 한국 국적자에게 적용되는 것이므로 사할린 한인들이 한국국적을 가지고 있지 않았다면, 그런 경우에는 한일청구권 협정의 효력이 미치지 않는다'는 정부의 입장을 밝혔다. 한일수교회담문서공개등대책기획단, 『한일청구권협정 해석 참고자료』, p.230.

● 관련 연표

- 1958년 : 사할린억류한국인회 결성(박노학, 도쿄. 이후 '화태귀환재일한국
  인회'로 개칭)
- 1965년 : 일본정부, 한국으로 영주하기 위한 귀환자를 위해 일부 비용 제공
  의사를 밝힘
- 1968년 : 한국정부, 귀환 요청자 목록(박노학 작성)을 공식적으로 일본정부
  에 제출
- 1970년대 : 일본변호사연합회, 사할린잔류한국인문제위원회 결성
- 1975년 : 사할린잔류자귀환청구소송을 동경지방법원에 제소
- 1981년 : 사할린잔류 한국인 일가족 3명이 일시 방일하여 한국의 가족과 재회
- 1983년 : 제네바의 국제연합인권위원회의 차별방지, 소수자보호소위원회
  에 소청
- 1989년 : 소련정부, 사할린 한인의 한국방문 및 영주귀국 허가. 한민족체전
  참가를 위해 한인 189명이 한국 방문. 이후 '일시모국방문사업'으로 정착
  (대한적십자사 주관)
- 1990년 : 한국의 대한변호사협회, 사할린교포법률구조회 결성
- 1992년~2004년 : 한국정부가 대지를 마련하고 일본정부가 아파트건립자금
  을 마련하여 안산, 서울, 인천, 춘천, 경북 고령 등 5개소에 정착촌을 건립
  (1,598명 귀환)
※ 대창 양로원(경북 고령), 춘천의 사랑의 집(춘천시), 고향 마을(안산시), 사
  할린동포 복지관(인천시), 서울 등촌동과 인천 연수동의 영구임대아파트
- 1995년 11월 이후 : 부모 사망 2세들의 모국방문 실시. 2005년 5월 현재 500
  여명이 방문
- 2005년 6월~8월 : 정부 최초의 정부조사단 파견(위원회, 외교부, 적십자사)
- 2010년 12월말까지 19개 영주귀국촌으로 3,700여명이 귀국

　억류된 한인들의 귀국은 1992년에 실현되었다. 그러나 영주귀
국은 사할린동포문제의 완전한 해결방법이 아니다. 한인1세만이
귀국 대상이 되므로 새로운 디아스포라(이산)를 낳았다. 귀환지역
에 대한 선택권이 없다는 점도 불만을 불러일으키고 있다. 오랜
기간 동안 사회주의 체제에서 생활한 사할린 동포들이 겪는 문화
적 이질성 및 괴리감도 해결해야 할 과제이다.

5. 21세기 사할린섬의 한인 사회

●해방 후 사할린 동포 관련 연표

- 1945년 8월 8일 : 소련은 대일선전포고와 함께 남사할린 점령. 23일에 소련 군이 도요하라(豊原, 현재 유즈노사할린스크)에 진주하여 소야(宗谷)해협 을 봉쇄하기 직전까지 일본인 76,000명 귀환, 24,000명이 탈출
- 1946년 한국인 43,000명이 사할린 억류[13]
- 1946년 12월 19일 미소귀환협정에 의해 일본인들 귀환
※ 소련지구에서 귀환에 관한 미소협정의 결과 : 소련, 미국, 일본의 3개국 합의로 1947년 봄부터 1948년 여름까지 아이누 민족을 포함한 일본국민 을 남사할린과 쿠릴제도에서 일본으로 귀환(264,063명)
- 제1차 송환시기에 일본이 한국인이 송환에서 제외한 이유
• 한국인의 법적 지위 변환 : 강제병합으로 일본국의 신민(臣民)이었던 조선 인은 일본의 패전과 동시에 외국인으로 변환. 일본 본토에서는 패전과 동 시에 재일조선인의 참정권이 정지되고, 1945년 10월부터 시작된 선거법개 정과정을 통해 재일조선인은 타이완인(臺灣人)과 함께 '비국민'으로 간주 되어 "선거권과 피선거권을 당분간 정지하고 선거인 명부에 등장할 수 없 는 자"가 됨. 일본은 일본국민이 아니라는 이유로 송환의 대상에서 제외
- 일본은 1952년 4월 28일 샌프란시스코조약에 의해 일본의 한반도에 대한 주권이 포기되고 사할린 거주 한국인의 일본 국적이 상실되었다는 이유로 방치
- 1956년 10월 19일자 일소공동선언에 의한 후기집단귀환사업을 통해 한인 과 결혼한 일본인 여성과 한인 남편 및 자녀 등 2,250명(한인 동반자 700여 명) 귀환(1957.8.1~1959.9.28 총 7회)하였고, 기타 개별 귀환 등을 통해 대 부분의 일본인이 귀환. "혈통적 일본인만 귀환" 기타 한국인은 귀환대상에 서 제외
- 이후 1977년 까지 단 3명만이 한국과 일본으로 귀국. 소련정부가 귀국을 시

---

13) 해방 후 남사할린 억류 한인의 규모에 대해서는 7,800명설, 약 15,000명설, 23,498명 설, 약 43,000명설 등 몇 가지 의견이 제기되고 있다. 이에 대하여 일본 정부를 포함 한 대부분의 문헌에서 43,000명이라는 억류자 숫자를 제시하고 있다. 이것은 소련 점령 하에서 한인 거류민회가 해방 직후 행한 조사를 근거로 한 것이라고 한다.

도하는 한인 8명을 정치적 보복 차원에서 북한으로 강제송환하는 사태가
발생하자 한인들의 출국 시도는 급감
- 1991년 : 무국적 한인 4,000명(1956.9.1. 21,115명), 러시아적 31,500명
  (1959.1.15.인구조사. 5,807명), 북한적 500명(1956.9.1. 7,711명) 등 36,000
  명 거주 추산(사할린주 이산가족회 통계)

현재 사할린 동포들의 영주 귀국이 이루어지고 있지만 미래와
연결되지 않는 치유 노력은 과거의 아픔을 대물림하게 할 가능성
이 있다. 이들의 아픈 과거를 진정으로 청산할 수 있는 길은 오늘
을 살아가고 있는 후손들에게 내일을 준비할 수 있는 기회를 제공
하는 것이다. 사할린은 러시아에서도 매우 궁벽하고 일자리도 적
은 지역이다. 동포들이 더 이상 과거의 멍에에 속박된 사할린의
주변인이 아니라, 당당한 한국계 러시아인으로 성장해 나갈 수 있
도록 길을 열어주기 위한 구체적인 방안이 필요하다.

구체 방안은 적극적인 교육정책과 1세대 문제뿐 아니라 3세대,
4세대를 위한 교육이나 복지 문제이다. 교육적으로는 직업 교육도
필요하지만 그들이 원하는 우리말 교육이 우선 해결되어야 한다.
우리말 교육은 민족교육이라는 차원에서도 필요하지만, 한국과
사할린의 경제 교류가 활발해진다는 점에서 볼 때 동포들의 지위
향상에도 도움이 될 것이다.

현재 우리말 교육 현황을 보면, 1963년에 소련 정부가 민족학
교를 폐지하기 전까지는 북한 출신자들이 운영하던 조선어학교가
이민 2세들에게 모국어를 가르치는 주요 교육 기관이었다. 그래서
동포들의 대부분이 평안도나 함경도식 억양을 가지고 있다. 현재
는 사할린 종합대학에 한국어 강좌가 있고, 제9학교에서도 1988년
부터 한글 교육을 시작했다. 1993년에 문을 연 사할린 한국교육원
이 한글반 개설 운동을 전개한 결과 러시아 13호 중학교를 비롯한
몇몇 학교에 한글반이 개설되기도 했다.

그런데 교육 재정이나 교사 문제 등에서 어려움이 발생했다. 사할린 주 정부에서 지급하는 보조금만으로는 교사를 확보하기 어렵기 때문이다. 더구나 그동안 한글 교사를 맡아온 동포들이 영주 귀국길에 오르면서 교사 문제는 더욱 어려워졌다. 1990년대에는 30~35개 학교에 50~60명의 한글 교사들이 있었는데, 2008년 말에는 11개 학교에 13명의 교사들이 남았다.

사할린 동포들을 위한 교육으로 어떤 방법이 필요할까? 사할린 현지에서 동포들에게 필요한 다양한 교육을 하도록 지원하는 방법과 교사나 학생을 국내에 초청해서 연수를 시키는 방법이 있다. 정부 차원에서 실시하는 교사들의 모국 방문 연수는 1991년부터 시작되었지만, 교사 연수만으로 교육 목표를 달성하기는 어렵다. 사할린으로 교사를 파견한다거나 하는 적극적인 노력이 필요하다. 현재 북한에서는 예술 교사를 사할린에 보낸다고 한다.

현재 사할린에서 천연가스가 발견돼 미국과 영국의 석유 회사가 대거 진출하고 있고, 일본 기업들도 앞 다퉈 나가고 있다. 이미 콜사코프에는 일본 기업이 진출해서 대규모 단지를 조성하고 천연가스를 제품화하고 있다. 2005년에 7,000명 이상의 노동자가 근무하고 있었다. 거대한 노동자 타운을 보면서 사할린의 동포 젊은이들이 사할린 경제 건설에서 주역으로 당당하게 제 역할을 할 수 있도록 미리 대비를 했어야 하는 것이 아닌가 하는 아쉬움이 컸다.

현지 한인 언론기관의 사회교육 역할도 기대할 수 있다. 사할린 우리말 방송이나 새고려신문 등은 매우 오랜 역사를 가진 언론기관이다. 동포를 대상으로 하는 언론기관을 활성화하는 것은 좋은 사회교육 방법이자, 한인으로서 동질감을 유지할 수 있게 해주는 방법이다. 그러나 이들 언론기관은 현재 경영난이 심각하다.

●2011년 기준 현황[14]

- 2011년 기준 현재 사할린섬 민족구성은 총 인구 49만 7,900명[러시아인

80%, 우크라이나인, 한인, 벨로루스인, 타타르인 등 100여 민족] 중 한인은
3만여명[교민 80여명]
- 주요 기관 : 사할린주정부, 사할린주의회, 유즈노사할린스크시정부 등 시
  정부
- 산업구조 : 연료 · 에너지산업, 목재산업, 수산업
- 대학 : 사할린국립대, 사할린경제법률정보대 등
- 외국공관 : 일본총영사관, 미국영사출장소(2006), 한국영사출장소(2007),
  영국 · 인도 · 네덜란드 · 북한 주재 연락소
- 한인언론단체 : 우리말방송국, 새고려신문, 한인소식지 등
- 주요한인단체 : 사할린주 한인회, 이중징용광부유가족회, 이산가족협회,
  사할린주 노인회, 한인연합회, 정의복권재단, 시한인회
- 재외기관 : 사할린한국교육원(1993. 교육과학기술부 산하), 한국영사출장
  소(2007)
- 사할린주와 제주도 자매결연협정(1992), 콜사코프시와 삼척시 우호협력체
  결(2010), 유즈노사할린스크 및 홈스크와 안산시 우호도시협력관계 체결
  (2011)

Ⅲ. 한국 사회 속에 화태, 사할린섬

화태는 러일전쟁의 승전으로 인해 조선 사회에 처음으로 알려
졌다. 러일전쟁이 일어나기 전에 조선에서 화태의 존재는 알려지
지 않았다. 일본이 점령하고 난 이후에 비로소 '화태'라는 이름이
알려졌다. 화태는 '사할린'이 아닌 '가라후토(화태)'로서 조선 사
회에 소개되었다.

그러나 조선의 지식인들에게 화태는 별다른 관심을 불러일으

---

14) 조성길, 『겨울꽃』, 파랑새미디어, 2012.

키지 못했다. 화태는 블라디보스톡이나 모스크바, 상하이(上海)와 같이 정치적·사상적으로 조선 사회에 자극을 주는 땅이 아니었다. 사회주의자가 드나드는 통로도 아니었고, 항일운동의 근거지도 아니었다.

한국 사회가 화태에 관해 관심을 갖게 된 것은 해방 이후 '돌아오지 못하는 동포'의 문제가 부각된 1970년대 이후일 것이다. 그러나 그것도 잠시, 미미한 관심에 그쳤다. 콜사코프 항구로 몰려 갔다가 배를 타지 못하고 주저앉아야 했던 동포들의 한(恨)은 영화 '명자, 아키코, 쏘냐'의 화면 속에서만 애절할 뿐이다. 영화의 막이 내리면서 한국 사회의 관심도 사라졌다.

가슴 아픈 과거를 되돌아보고 싶지 않은 심정은 어려운 시절을 살았던 사람들에게만 해당되지 않는다. 지금 사는 현실도 팍팍한데, 굳이 암울하고 어두운 이야기에 귀 기울이고 싶어 하지 않는다. 그럼에도 역사의 거울은 냉정하게도 어려운 시절, 우리의 상처를 드러내라 한다. 그것이 평화로운 미래를 위해 우리가 해야 할 일이라고.

13 | 일제시기 한인의 손으로 만든 철도

14 | 사할린섬 중서부 마을 모습

15 | 마을 상점의 상품들

16 | 러시아인들도 좋아하는 한국상품

17 | 전후 최초의 한국정부 합동조사단

18 | 실태조사 현장

| 참고문헌 |

〈한서〉

三品永彬, 김종필 번역, 『사할린의 한 - 나의 조국 일본을 고발한다』, 인간사, 1982.

국립민족박물관, 『러시아 사할린 · 연해주 한인동포의 생활문화』, 2001.

이순형, 『사할린 귀환자』, 서울대학교 출판부, 2004.

일제강점하강제동원피해진상규명위원회, 『강제동원구술기록집2 - 검은 대륙으로 끌려간 조선인들』, 2006.

일제강점하강제동원피해진상규명위원회, 『강제동원구술기록집8 - 지독한 이별 : 사할린 이중징용 진상조사 구술기록집』, 2007.

일제강점하강제동원진상규명위원회, 『강제동원명부해제집1』, 2009.

정혜경, 『조선청년이여, 황국신민이 되어라』, 서해문집, 2010.

대일항쟁기 강제동원피해조사 및 국외강제동원희생자 등 지원위원회, 『사할린 강제
　　　동원 조선인들의 실태 및 귀환』, 2011.

정혜경, 『지독한 이별 - 1944년, 에스토르(惠須取)』, 선인출판사, 2012.

조성길, 『겨울꽃』, 파랑새미디어, 2012.

〈일서〉

樺太廳, 『樺太廳施政三十年史』, 1936.

樺太終戰史編纂委員會, 『樺太終戰史』, 1973.

朝鮮人强制連行眞相調査團編, 『朝鮮人强制連行强制勞動の記錄 - 北海道・千島・樺
　　　太編』, 現代史出版會, 1975.

林えいだい 감수, 『戰時外國人强制連行關係史料集II-朝鮮人1 下卷』, 1991.

長澤秀編, 『戰時下朝鮮人中國人聯合軍俘虜强制連行資料集(全2卷)』, 綠蔭書房, 1992.

長澤秀編, 『戰時下强制連行極秘資料集 - 東日本編 - (全4卷)』, 綠蔭書房, 1996.

長澤秀編, 『戰前朝鮮人關係警察資料集(全4卷)』, 綠蔭書房, 2006.

〈노어 자료〉

ミハイル・スタニスラヴォヴイチ・ヴイソーコフ他著, 板橋政樹 譯, 『サハリンの歷
　　　史 : サハリンとクリル諸島の先史から現代まで』, 札幌 : 北海道撮影社, 2000.

화산활동이 빚은
푸른 낙원 하와이

박선엽 부산대학교 지리교육과 교수

▲ 오아후 폴리네시안 민속촌에서 훌라 댄서들이 공연하는 모습

화산활동이 빚은 푸른 낙원 하와이

Ⅰ. 하와이의 자연환경

1. 지질적 특징

　하와이는 동북아시아, 알라스카, 아메리카 대륙 등 주요 대륙
들로부터 수천 킬로미터나 떨어져 있어 지리적으로는 사실상 거
의 완벽하게 고립되어 있다고 볼 수 있다(그림 1). 하와이 섬들은
모두 화산 활동의 결과로 생긴 것이다. 일본 열도로부터 알래스카

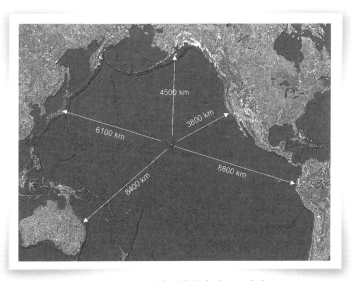

01 | 주요 대륙에서 하와이에 이르는 거리

반도를 거쳐 미 서부지역, 그리고 남아메리카 서해안지역은 모두
환태평양 화산대에 놓여있다는 공통점을 지닌다. 태평양 주위를
돌며 분포된 이들 지역을 통칭하여, '환태평양 조산대' 라 부른다.
대륙 지각판들이 서로 만나는 조산대 지역을 따라 대규모 화산활
동이 집중되어 있지만, 대표적 활화산 지역인 하와이의 경우는 통
상적인 화산활동 메카니즘과 상이한 지질 역사를 가지고 있다.[1]
약 7천 5백만 년 전, 공룡들이 번성하는 시기에는 극지의 빙하도
존재하지 않았을 만큼 온난하였고, 이미 이 시기에 해저로부터 솟
아오른 마그마가 쌓이면서 해수면 위로 출현하여 초기 하와이 섬
들이 생겨나기 시작했는데, 이들 섬의 위치가 지금의 하와이 섬들
의 위치와 크게 다르지 않았다.[2] 지질학자들은 이런 해저 깊숙이
자리 잡은 국지적이며 유난히 뜨거운 지점을 열점(hot spot)으로
정의하고 있다. 열점을 거쳐 지각층을 통과한 마그마는 마침내 해
저에서 솟아오르게 되는데, 하와이 섬들은 수백만 년 간의 용승작
용으로 쌓이고 쌓인 화산암석물질이 해수면 위로 올라온 것이다.
지구상에서 가장 활동적인 킬라우에아 화산은 하와이섬[3] 동남쪽
에 자리하고 있는데, 1983년 마그마 분출이 시작된 이래 현재까지
중단 없이 용암을 쏟아내고 있다. 해양지각 아래에 자리한 열점은
거의 정지된 상태지만, 움직이는 해양지각층이 열점 위로 움직이
기 때문에 열점으로부터 생겨난 섬은 시간이 지남에 따라 열점으

---

1) 박선엽, 「하와이의 핫스팟(hot spot) 메카니즘과 화산 지형」, 대한지리학회 연례학
   회, 서울, 2008.
2) Halett, R.W. and D.W. Hyndman, 『Roadside Geology of Hawaii』, Mountain Press
   Publishing Company, 1996.
3) 하와이의 주요 섬들 중 가장 남쪽에 위치한 섬을 '하와이섬('Island of Hawaii' 또
   는 'Hawaii Island')' 이라 부른다. 면적이 가장 크기 때문에 'Big Island' 로 불리기
   도 한다.

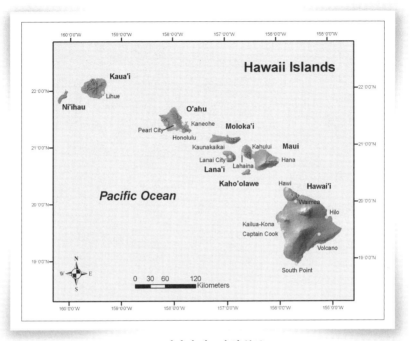

02 | 하와이 제도의 섬 분포

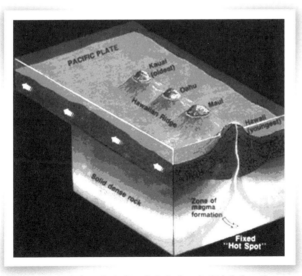

03 | 열점 가설로 설명되는 하와이 제도의 생성과정 모식도
(출처: Maurice Krafft, Centre de Volcanologie, France)

로부터 점점 멀어지게 되고, 새로이 열점 위로 위치한 지각에서는 또 다른 섬이 생겨난다. 오랜 세월을 거쳐 이러한 작용이 반복되면 결과적으로 일련의 섬들이 지각의 이동 방향으로 군집을 이루게 된다[4](그림 2 · 3). 열점 가설로 설명되는 하와이의 화산활동은 그간의 많은 연구를 통해 그 비밀이 풀려가고 있지만, 열점 메카니즘에 필요한 모든 요건을 충족시키는 일반 가설은 아직 찾아야할 숙제로 남아있다.

2. 기후환경

하와이는 건기와 우기의 반복에 따라 강우량의 대비가 명확하게 나타나는 기후특성을 가지고 있다. 평균적으로 5월에서 9월까지는 강우량이 상대적으로 적은 건기이고, 10월부터 이듬해 4월까지가 우기에 해당한다. 하와이의 여름은 적도에서 아열대 지역에 걸쳐 부는 무역풍의 영향이 강해 열대성 폭풍발달이 미약하고 강우량이 줄어드는 특성을 띤다. 겨울에는 이 무역풍의 힘이 약해지고 열대성 폭풍의 발달이 빈번해지기 때문에 강우량이 크게 증가한다. 이러한 계절적 강우 특성 외에도, 하와이의 강우량 분포는 고도 변화와 사면 방향에 따라 많은 차이를 보일 정도로 국지적인 편차가 심한 편이다. 섬 면적이 가장 큰 빅아일랜드는 강우량의 지리적인 편차가 가장 크게 나타나는 지역인데, 가장 건조한 지역은 연강우량이 200mm 미만에 불과하고, 바람받이 사면의 경우 7,000mm가 넘는 곳도 있다. 다시 말해, 면적으로 보아 우리나라

---

4) Wilson, J.T., 「A possible origin of the Hawaiian Islands」, Canadian Journal of Physics, 1963, 41, 863-870.

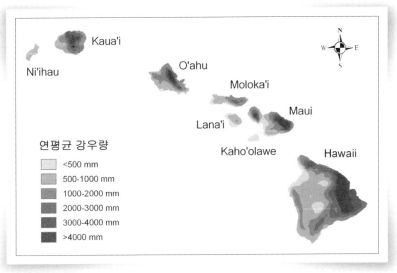

04 | 하와이의 강수량 분포

제주도 면적의 약 6배에 달하는 빅아일랜드 내에 건조기후에서 열
대우림에 걸친 거의 모든 기후가 존재한다(그림 4). 하와이의 기
온은 계절적으로 변동이 적은 편인데, 호놀룰루의 경우 연평균 기
온은 25℃ 이고 월평균 기온의 차는 연간 4℃ 에 불과하다.[5] 연교차
가 적은 해안 지역과 대조적으로, 산정부의 연평균 기온은 크게 떨
어진다. 겨울철 잦은 강설로 '하얀 산' 이란 뜻을 지닌 마우나케아
(Mauna Kea) 정상부(4,205m)에서는 연평균기온이 4℃ 까지 내려
간다.[6] [7]

5) Schroeder, T. 「Climate controls」, 『Prevailing Trade Winds-Weather and Climate in
Hawaii』, University of Hawaii Press, 1999.
6) Vitousek, P. 『Nutrient Cycling and Limitation-Hawaii as a Model System』, Princeton
University Press, 2004.
7) Pukui, M.K., S.H. Elbert, and E.T. Mookini, 『Place Names of Hawaii』, University of
Hawaii Press, 1974.

열대지역인 하와이에서도 산정부에는 과거 빙하의 흔적이 나타난다. 얼음이 깨지고 흐르면서 바위 표면에 남긴 자국과 융빙수에 쓸려 내려와 불규칙하게 쌓여있는 길가의 암석조각들을 통해 하와이에도 과거 빙하 활동이 있었음을 알 수 있다. 하와이에서 가장 높은 마우나케아 산정부에는 이러한 빙하 활동의 증거들이 산재해 있는데, 학자들은 과거 20만년 동안 이 곳 산정부의 얼음층이 4번에 걸쳐 결빙과 융해를 반복한 것으로 추정하고 있다.[8] 해발 4,000미터가 넘는 고지대이기 때문에, 여름철이라도 산을 오를 때에는 최소한 두터운 외투를 챙겨야하며, 추위를 타는 사람이라면, 털모자와 장갑을 착용해야 한다. 또, 고산증이 심한 사람은 정상부에 오르기 전에 충분한 시간 간격을 두고 고도에 적응하기 위한 시간을 벌어야 한다. 정상에 올라가서는 가급적 몸을 천천히 움직이고 물을 충분히 마셔야 고산증을 완화시킬 수 있다.

Ⅱ. 하와이의 역사

태평양 한가운데에 거의 완벽할 정도로 고립되어 있는 하와이는 그 최초의 개척사가 아직 완전하게 밝혀져 있지 않지만 약 6~7세기 경 폴리네시아인들의 이주로 하와이에 원주민 정착이 이루어진 것으로 추정하고 있다. 하와이 제도의 발견은 고대 폴리네시아인들의 항해사에서 놀랄만한 성과가 아닐 수 없다. 고고학적 증거에 따르면, 폴리네시아인들의 하와이 발견 및 정착 과정은 기원

---

8) 박선엽,『신의 고향 하와이』, 푸른길, 2009, p.81.

전 1,000년 경 통가와 사모아 지역에서 시작된 것으로 추정된다. 이들 지역은 남태평양 서부에 위치해 있는 군도로서 토착민들의 1차적인 이동이 폴리네시아 중부를 향해 시작된 곳으로 보고 있다. 이후, 중부 폴리네시아 군도 중 하나인 마르키즈 제도(Marquesas Islands)로부터 하와이 제도로의 직접적인 이주가 약 300~750년 사이에 이루어 진 것으로 알려져 있다.[9] 최근의 연대 측정 연구에 따르면, 폴리네시아의 이주 물결은 알려진 것보다 빠른 속도로 더 최근에까지 이어졌던 것으로 추정된다[10](그림 5).

지금과 같은 항해 장비가 없었던 고대 폴리네시아인들은 작은

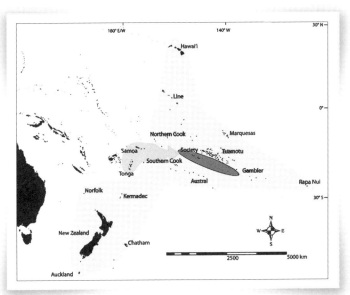

05 | 서부 폴리네시아(지도 중앙 음영지역)로부터 비롯된 2차에 걸친 동부 폴리네시아로의 이주 시기 추정치(Wilmshurst et al., 2011). 짙은 음영지역으로의 1차 이주 시기(AD 1025~1121)와 옅은 음영으로 표시된 2차 이주 시기(AD1200~1290).

9) Juvik, S.P. and J.O. Juvik, 『Atlas of Hawaii』, University of Hawaii Press, 1998, p.161.

카누에 의지하여 철새들의 이동이나 별자리 움직임을 따라 수 천 킬로미터에 달하는 항해를 시도했는데, 이는 경이로운 인류 항해사의 백미로 평가되고 있다. 토착 하와이인들은 약 1,500년 동안 외부 문명과의 접촉 없이 생활하였다. 전통적으로 하와이인들은 비교적 복잡한 위계질서를 가진 부족사회를 이루고 있었다. 외부 사회에 하와이의 존재가 알려진 것은 1778년 겨울 영국의 탐험가 제임스 쿡(James Cook) 일행이 타히티에서 북아메리카로 항해 도중 우연히 하와이 섬을 발견하면서 부터이다. 당시, 하와이는 섬마다 각 부족이 세력 쟁탈을 꾀하던 시기였는데, 각 부족은 엄격한 신분제도하에서 가부장적 사회를 이루고 있었다. 부족의 평민들은 귀족을 위해 음식이나 생활용품을 바쳐야 하는 등, 고대 하와이 사회는 왕족과 평민, 남자와 여자 간의 수직적

06 | 통일 하와이 왕조를 이룩한 카메하메하 대왕의 동상(사진: 박선엽)

---

10) Wilmshurst, J.M., T.L. Hunt, C.P. Lipo, and A.J. Anderson, 「High-precision radiocarbon dating shows recent and rapid initial human colonization of East Polynesia」, Proceedings of the National Academy of Sciences, 2011, 108(5), 1815-1820.

관계가 엄하게 지켜지는 구조였다. 이러한 다부족 사회는 18세기 말 하나의 왕국으로 통일되었는데, 이것은 하와이 여러 섬들 중에서 하와이 섬에 세력을 가지고 있던 카메하메하(Kamehameha) 추장이 할거하던 부족들을 모두 제압함으로써 실현되었다(그림 6). 19세기로 넘어가면서 하와이 왕조는 영국으로부터 건너온 선교사를 통해 기독교를 적극적으로 받아들였으며, 그 결과 얼마 지나지 않아 기독교국가로 성장할 만큼 교세가 확장되었다. 선교사들은 하와이의 구전문화를 활자화하는 과정에서 하와이언들이 그들 방식대로 읽고 쓸 수 있는 언어를 새로 만들고, 이를 교육하기 위해 많은 수의 학교를 세웠다. 실로 사회, 문화, 예술, 교육, 보건 상의 많은 근대화가 이들 선교사 집단을 통해 이루어졌다.[11]

　하와이 왕조는 19세기 중반에 이르러 신헌법을 제정하고 입헌군주국의 체제를 갖추게 되었다. 19세기 중반 미국 본토에서는 골드러시가 진행되고 있었는데, 이때를 기점으로 하와이는 미국 서부에 사탕을 공급하는 주요산지로 기능하면서 대규모 사탕수수 플랜테이션 농업이 발달하기 시작했다. 농장주들은 대규모 사탕수수 재배를 위한 인력을 필요로 하였는데, 초기 이방인들은 영국인이나 미국인들이 다수를 차지했지만 19세기 말에서 1900년대 초반에 이르면서 중국인, 일본인, 한인들도 하와이 인구의 상당한 비중을 차지하게 되었다. 우리나라 이민사는 고종 황제의 허가를 얻어 노동자들을 태우고 인천을 출발한 갤릭호가 1903년 1월 23일 호놀룰루에 입항하면서 시작되었다. 이후 2년여 동안 이어진 노동자 이민 행렬로 하와이로 건너간 한인의 수는 모두 7,800명을 넘었다. 이렇듯 이방인의 유입과 함께 막강한 경제력을 바탕으로

11) 박선엽, 『신의 고향 하와이』, 푸른길, 2009, pp.31~33.

한 외부인들의 토지 소유가 증가하면서 하와이 왕조는 힘을 잃기 시작하였다. 사탕수수의 최대 수입국으로서의 지위를 가진 미국은 점차 하와이 정치에 적극적으로 관여하게 되었고, 왕권의 회복을 꾀했던 하와이 왕조의 저항을 무력으로 제압하기에 이르렀다. 하와이 왕실이 무너지고 백인 권력이 득세하면서 결국 하와이에는 공화국시대가 열리게 되었다. 미국의회는 하와이가 가진 군사적 요충지로서의 중요성을 부각하여 1898년 하와이 합방을 결정하였고, 1900년에 하와이는 공식적으로 미국 영토가 되고 말았다.

Ⅲ. 하와이 문화와 생활

1. 하와이 언어와 인구

하와이 문화의 특징은 하와이 말에서 쉽게 실감할 수 있다. 서구사회에 하와이가 알려질 때까지 하와이에는 글자가 존재하지 않았다. 선교사의 유입으로 하와이에도 문자 교육이 시작될 수 있었다. 소리가 쉽게 표현되도록 고안된 하와이 말은 아주 특이한 형식을 갖고 있다. 하와이어는 영문 알파벳의 모음 중 다섯 개 모음(A, E, I, O, U)과 일곱 개 자음(H, K, L, M, N, P, W)으로 구성된다. 보통의 영어 발음 체계와 큰 차이가 없지만, W의 경우 아랫입술을 물고 발음하는 영문 V와 유사하게 소리 낸다는 것이 다른 점이다. 사용하는 모음의 수가 한정되다보니, 하와이 말을 보면 같은 모음을 연달아 표기하거나 유사한 음절을 반복하는 방식을 취한다. 예를 들어, 하와이에서 유명한 활화산 화구의 이름은 halemaumau인데, '할레마우마우'와 같이 읽는다. 이러한 특징은 사물이나 지명뿐만 아니라 사람의 이름에서도 나타난다. 일반 사람들에겐 어색하고 익숙하지 않아 처음 만나는 사람의 이름을 잘못 부를 수 있는데, 다소 틀리더라도 하와이 사람들은 이를 잘 이해하는 편이다. 하와이가 다양한 인종들이 모인 사회다보니 이들이 구사하는 영어 중에는 표준 영어와는 사뭇 다른 방언이 존재한다. 약간의 억양 차이로 인해 의사소통에 큰 불편이 없는 경우가 대부분이지만, 경우에 따라 방언이 극심하여 이를 사용하는 사람이 아니면 알아듣기 힘든 특수한 말이 있는데 이를 피젼('pidgin')이라 부른다. 이는 중국, 동남아시아 등지에서 플랜테이션을 위해 이민 온 사람들을 통해 생겨난 특이한 언어라 할 수 있다.[12]

미국 전체에서 하와이는 일본계를 비롯한 동양인들의 비중이 가장 높은 주이다. 하와이 유일의 대도시인 호놀룰루의 경우, 백인의 비율은 25%인데 반해 동양인 비율은 60%에 육박한다. 섬별로 약간씩의 차이는 있지만, 백인의 인구 비율은 대략 50%를 약간 상회하는 수준이다. 따라서 하와이의 순수 혈통을 이어가는 것이 점차 더 어려워질 전망이다. 다른 인종과의 혼혈 하와이언 인구를 제외한 순수 하와이언의 비율은 주 전체의 10% 미만으로 집계되고 있다. 일반인들에게 알려진 바와 같이 하와이는 일본계 이민 그룹의 영향력이 절대적인 지역이다. 19세기 후반 일본 이민자의 급증으로 1900년대 초반에는 하와이 인구의 40%를 점할 때도 있었다. 따라서 교육, 정치, 종교, 예술, 체육 분야 등 하와이 사회 전반에 걸쳐 일본계 인사들의 영향력이 지대하며, 하와이 생활 문화 곳곳에 일본문화가 스며있다(그림 7).

---

12) 박선엽, 『신의 고향 하와이』, 푸른길, 2009, pp.44~49.

07 | 하와이에서 접하는 일본 문화의 한 단면으로 일본식 묘지를 들 수 있다(사진: 박선엽)

2. 음식과 여가활동

하와이 문화가 일본의 영향을 많이 받은 탓으로 하와이 음식에
는 일본식이 많다(그림 8). 대표적인 예로, 하와이 식료품 가게나
식당에는 많은 경우 벤토, 즉 도시락을 판매한다. 이 뿐만 아니라
'오차(보리차)', '노리(김)', '사시미(생선회)', '모치(찹쌀떡)' 등
음식과 관련된 일본말이 일상생활에서 어렵지 않게 통한다. 한국
음식 또한 하와이에서는 인기가 있는 편이다. 김치, 고기전, 생선
전, 잡채, 갈비, 불고기, 육개장 등 대표적인 한국 음식이 일상적인
하와이 식당 메뉴를 이루고 있다. 여행자들은 하와이 민속촌이라
든지 호텔 연회식에 등장하는 하와이 특유의 음식을 맛볼 기회가
있는데, 이를 루아우('luau')라고 부른다. 특별한 이벤트가 있을
때 자주 등장하는 하와이식 조리법인데, 결혼식, 졸업식, 은퇴식,

생일 등 중요한 파
티가 있을 때 제공
되는 하와이 고유
연회 메뉴로 보면
된다. 또, 땅에 구덩
이를 파고 돌을 뜨
겁게 달궈 널따란
잎으로 싼 돼지고기
를 얹고 흙을 덮고
난 후 땅 밑에서 고

08 | 일본식 간식으로 햄을 밥과 함께 김으로 싼
무수비. 하와이에서 매우 저렴하고 흔한 편의
음식으로 여행 중 맛보길 권한다(사진: 박선엽)

기를 익히는 방법 역시 하와이식인데, 이것은 '이무(imu)'라고 불
리는 구덩이형 화덕 요리이다. 특별한 양념이 들어가지 않기 때문
에 기름진 고기를 즐기는 사람이 아니면 입에 맞지 않을 수도 있
다. 하와이의 전통적인 음식에서 빠지지 않는 것이 있는데 바로
'포이(poi)'다. 이는 예전 하와이 사람들이 식물 뿌리를 이용해 만
들어 먹는 끈적이는 죽 형태의 음식으로 탄수화물을 공급받기 위
해서 만들어낸 음식이다. 포이는 동네잔치나 기타 중요한 행사에
꼭 만들어 내놓는 하와이의 전통음식으로 볼 수 있다. 혀에 닿는
느낌상으로는 우리의 팥죽이나 호박죽 같은 것이지만 맛으로 보
면 밍밍하다고 할까 다소 심심한 편이다.

　하와이를 연상하게 하는 몇 가지 항목 중에 빠뜨릴 수 없는 것
이 있다면 아마도 훌라춤이 아닐까 한다(그림 9). 일반인들에게
훌라는 요란하고 선정적인 하와이의 춤으로 인식되고 있을 지도
모르지만, 훌라는 사실 하와이의 숭고하고 아름다운 전통을 예술
로 승화시킨 민속적 의미를 담은 표현 방식이라고 할 수 있다. 즉,
훌라는 자연의 아름다움을 표현하고, 조상과 그들의 신화에 대한
경외를 표하며, 일상적인 민속을 재현함과 동시에 잊혀져가는 하

09 | 오아후 폴리네시안 민속촌에서 훌라 댄서들이 공연하는 모습(사진: 박선엽)

와이 언어를 전승하는 방식인 것이다. 하와이가 서구화되면서 훌라는 음란하고 천박한 춤으로 천시되었지만, 그 이전에는 문자를 대신하여 인간의 경험과 느낌, 인간사를 표현하는 구전된 예술 형식이었다. 위계질서가 명확했던 하와이 사회에서 훌라는 특별한 교육기관을 통해 전수되었고, 훌라 댄서는 왕족을 대상으로 하는 공연을 위해 전문적 훈련을 받은 자였다. 훌라를 감상하는 방법을 간단히 소개하자면, 우선 훌라 댄서가 전달하는 중요한 메시지는 댄서의 손동작에서 비롯된다. 쉴 새 없이 움직이는 허리와 엉덩이 동작은 리듬을 타기 위한 수단일 뿐이며, 댄서의 손동작 팔동작이 끊임없이 이어지면서 하와이인들의 생활과 생각이 애절하게 표현되는 것이다. 결국, 훌라는 흥에 겨워 추는 개인적인 춤이라기보다는 특별한 교육과 훈련으로 단련된 정해진 사람들에 의해 표현되는 신앙적 산물로 봐야 한다.

　　연중 따뜻한 날씨를 자랑하는 하와이에서는 다양한 레저 활동
이 발달해 있다. 특히, 수상 스포츠는 서핑을 중심으로 세계적 명
성을 얻고 있다. 매년 오아후에서는 세계 최고의 선수를 가리는
서핑대회가 열린다. 호놀룰루 공항에 내리면서 어렵지 않게 서핑
보드를 짐으로 들고 다니는 사람들을 볼 수가 있다. 서핑 기술이
하루아침에 얻어지는 것은 아니지만 화려하게 장식된 서핑보드
위에 올라 현란한 기교를 부리며 수 미터에 달하는 파도를 넘나드
는 서퍼들을 보는 것만으로도 시원한 대리 만족을 느끼기에 부족
함이 없다. 태평양 한가운데 고립되어 있다고 해서 하와이가 등산
이나 하이킹과 같은 산행과 무관한 곳은 아니다. 다양한 기후 환
경과 활발한 화산활동의 결과로 만들어진 굴곡진 섬 지형으로 인
해 우거진 삼림 속을 무료하지 않게 하이킹할 수 있다. 짧게는 한
두 시간, 길게는 하루 종일 분화구 속이나 주변을 따라 여가 시간
을 즐길 수 있다. 하와이에는 낮 시간 동안 달구어 진 용암면이 지
천에 널려 있고, 많은 경우 뜨거운 화산 가스가 지표로 끊임없이
빠져나오기 때문에, 충분한 식수를 가지고 수시로 물을 마시며 하
이킹을 해야 한다[13](사진 10).

10 | 끊임없이 가스가 뿜어져 나오는 하와이 화산지대(사진: 박선엽)

---

13) 박선엽, 『신의 고향 하와이』, 푸른길, 2009, pp.98~105.

Ⅳ. 하와이 관광

하와이 제도는 크게 카우아이, 오아후, 몰로카이, 라나이, 마우이, 빅아일랜드 등 6개의 주요 섬으로 구성된다. 열거한 순서는 섬이 생성된 순서이기도 한데, 가장 만형이 되는 카우아이가 약 6백만 년, 그리고 막내 섬에 해당하는 빅아일랜드가 백만 년 미만의 나이를 가지고 있다(그림 2). 각 섬별로 면적도 다르고 경치도 다르기 때문에 나름의 특징들을 지니고 있지만, 가장 방문객 수가 많은 섬은 오아후, 마우이, 빅아일랜드이다. 전체 방문객의 45.4%가 중심 공항이 있는 오아후를 방문하고 있으며, 마우이와 빅아일랜드에 40.4%의 방문객이 몰리고 있다.[14] 오아후에는 하와이 유일

11 | 하와이 호놀룰루 소재 와이키키 비치.
'와이키키' 는 하와이말로 '용솟음치는 물' 이란 뜻이다(사진: 박선엽)

----

14) http://hawaii.gov/dbedt/info/census/

의 대도시 호놀룰루와 세계적인 휴양지 와이키키, 진주만, 각종 면
세점, 서핑의 메카 North Shore, 폴리네시안 민속촌, 다이아몬드헤
드 분화구 등 유명세를 타는 관광지가 넓게 분포하고 있다(그림
11). 무수히 많은 호텔, 음식점으로 항상 인파가 끊이지 않는 하와
이 정치·경제·문화의 중심지이다. 한인이 많이 거주하는 섬이
기 때문에 한국음식점도 어렵지 않게 찾을 수 있고, 쇼핑몰도 교통
이 편리한 곳에 위치해 있다.

오아후 여행 외에 편리한 리조트를 끼고 있는 아름다운 비치와
쇼핑을 즐기고자 한다면 마우이로 행선지를 잡으면 된다. 상대적
으로 크지 않은 면적이지만 다양한 볼거리와 즐길거리로 여행의
만족을 주고있어서 최근 신혼여행지로 관심이 높은 섬이다. 이와
는 대조적으로, 활화산, 화산지형, 용암 지대, 고산 지역 등 활발한
여행활동을 원하는 사람들에겐 빅아일랜드가 더 어울린다(그림
12). 우선, 넓은 섬을 둘러보며 다양한 경관을 살펴볼 수 있고, 화

12 | 하와이 빅아일랜드의 세계적인 활화산 킬라우에아(사진: Jarrod Thaxton)

산이 빚어놓은 독특한 경치, 화산국립공원, 고산 지대에서의 천문 관측 활동, 세계적으로 이름난 코나커피 산지, 쓰나미 역사 등을 둘러보기에 적합하다. 하와이는 우기와 건기로 대별되는 기후특징을 가지고 있지만, 연평균 기온이 25℃ 내외이고 여름과 겨울의 기온 차가 미미하기 때문에 하계절 복장을 준비하면 된다. 고도가 높은 지역이나 아침저녁으로 온도가 떨어질 경우에 대비할 옷가지를 챙겨야 하며, 강한 자외선과 각종 벌레에 대비할 필요가 있다. 여행 일정 내내 한 곳에 머무르는 경우가 아니라면 자동차 대여를 권장하며, 과속운전과 절벽 지역에서의 낙석에 유념해야 한다.

| 참고문헌 |

박선엽, 「하와이의 핫스팟(hot spot) 메카니즘과 화산 지형」, 대한지리학회 연례학회, 서울, 2008.

박선엽, 『신의 고향 하와이』, 푸른길, 2009, p.81.

Halett, R.W. and D.W. Hyndman, 『Roadside Geology of Hawaii』, 1996, Mountain Press Publishing Company, 1996.

Juvik, S.P. and J.O. Juvik, 『Atlas of Hawaii』, University of Hawaii Press, 1998. p.161.

Pukui, M.K., S.H. Elbert, and E.T. Mookini, 『Place Names of Hawaii』, University of Hawaii Press, 1974.

Schroeder, T., 「Climate controls」, 『Prevailing Trade Winds-Weather and Climate in Hawaii』, University of Hawaii Press, 1999.

Vitousek, P., 『Nutrient Cycling and Limitation-Hawaii as a Model System』, Princeton University Press, 2004.

Wilmshurst, J.M., T.L. Hunt, C.P. Lipo, and A.J. Anderson, 「High-precision radiocarbon dating shows recent and rapid initial human colonization of East Polynesia」, Proceedings of the National Academy of Sciences, 2011. 108, 1815-1820.

Wilson, J.T., 「A possible origin of the Hawaiian Islands」, Canadian Journal of Physics, 1963. 41, 863-870.

세계의 섬을 찾아가다

혁명과 예술의 섬, 쿠바

김윤경 서울대학교 라틴아메리카연구소 HK 연구교수

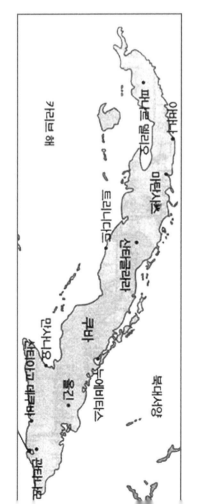

▲ 쿠바 지도(google.com)

혁명과 예술의 섬, 쿠바

콜럼버스가 "인간의 눈으로 발견한 가장 아름다운 땅", "지상 낙원"으로 묘사한 쿠바. 우리에게는 시가, 야구, 사탕수수의 나라로 더 알려져 있고 혁명의 영웅 체 게바라를 떠올리게 하며, 북한과 더불어 세상에 몇 남지 않은 가난한 사회주의 국가로 인식되고 있다. 하지만 섬나라 쿠바에 대한 우리의 인식은 이 이상도 이하도 아니다. 라틴댄스 살사를 추면서도 헤밍웨이의 『노인과 바다』를 읽으면서도 이것들이 쿠바와 관련이 있다는 것을 깨닫지 못하는 경우가 많다. 그기에 이 글에서는 몇 가지 주제를 중심으로 쿠바의 역사와 문화를 살펴봄으로써 아름다운 카리브 해의 "혁명과 예술의 섬" 나라 쿠바에 대한 우리의 이해의 폭을 좀 더 넓혀보고자 한다.

I. 쿠바의 자연환경과 인구

현재 쿠바의 수도는 아바나이며, 전체 면적은 110,860 평방킬로미터이다. 섬 모양이 악어처럼 생겼는데, 지형에 따라 세 지역으로 나뉜다. 서부 지역은 악어의 꼬리 부분으로 쿠바의 수도 아바나와 카리브해의 갈라파고스라 불리는 후벤투드가 있다. 중부 지역은 완만한 구릉지대와 초원으로 주로 농업 용지를 이루고 있다.

01 | 쿠바 지도(google.com)

동부 지역은 악어의 머리 부분으로 마에스트라 산맥이 동남 방향으로 뻗어 있다. 이 지역에 유명한 관타나모 미군 기지가 있다.

쿠바의 기후는 일 년 내내 따뜻하기 때문에 다양한 새들과, 해안 저지대를 중심으로 다양한 야자나무가 자라고 있으며, 근해에서는 바다거북과 소라 등 다양한 어류가 서식하고 있다. 겨울이 되면 북아메리카의 철새들이 이곳에서 겨울을 보내는데, 쿠바의 국조인 토코로로(tocororo)라는 작은 새는 깃털 색이 빨간색, 흰색, 파란색으로 쿠바 국기 색깔과 일치한다.

쿠바의 인구는 1130만 명이고 이중 37%가 스페인인의 후손이며, 51%는 메스티소와 물라토이고, 11%는 아프리카의 후손이며 나머지 1%는 중국인이다. 표준어는 스페인어이고 화폐는 쿠바 페소이다. 쿠바의 주요 수출품은 사탕수수, 담배, 시가이다. 이외에도 파인애플, 구아바, 망고, 감귤 등 다양한 과일이 생산되고 있다. 니켈, 코발트, 철, 금, 구리, 마그네슘, 석유 등 천연자원이 풍부한데, 이중에서 니켈 매장량은 세계 4위이며 대부분 소련으로 수출되고 있다.

1959년 쿠바혁명으로 1961년 사회주의 국가임을 선포한 쿠바는 카스트로의 지도 아래 사회복지 프로그램을 적극적으로 펼쳤다. 가장 먼저 의무교육을 실시하여 쿠바의 문맹률을 3%로 낮췄다. 이것은 라틴아메리카의 다른 나라들의 높은 문맹률에 비해 아주 낮은 수치로 선진국 수준과 맞먹는다. 또한 의료의 질을 높이기 위해 정부가 의료 시스템에 적극적인 지원을 아끼지 않았다. 그리하여 쿠바는 선진국과 비교해서 손색이 없을 만큼 우수한 의료 체계를 갖추게 되었다. 쿠바인의 유아 사망률은 천 명당 4.5명이며 국민의 기대 수명은 77.9세이다.

Ⅱ. 콜럼버스의 쿠바 섬 "발견"

쿠바 섬이 유럽인들에게 알려진 것은 1492년에 콜럼버스가 오늘날 카리브 해 바하마 제도의 와이틀링 섬에 도착하면서였다. 콜럼버스 일행은 그 섬에 도착한 후 "위대한 칸" 제국을 찾아서 배를 타고 주변을 계속 항해했는데, 그때 발견한 곳이 바로 쿠바 섬이다. 당시에 콜럼버스는 이 섬의 북동부를 항해하면서 이곳을 중국의 해안이라고 생각했다. 콜럼버스는 쿠바 섬의 풍경을 파라다이스로 묘사했다.

콜럼버스가 쿠바에 도착하기 전에 그곳에는 과나아타베이족, 시보네이족, 타이노족 등 다양한 원주민이 살고 있었는데, 그중 90% 이상이 타이노족이었다. 타이노족은 해안가에 정착하여 고기잡이를 하며 살아가고 있었다. 콜럼버스 이후 1510년에 스페인 정복자 벨라스케스가 병사 300명을 이끌고 쿠바 섬에 상륙하여 본격적인 정복활동에 들어갔다. 원주민들은 유럽인의 총과 대포 앞에서 속수무책으로 당할 수밖에 없었으며, 특히 전염병으로 인하여 원주민의 상당수가 죽음에 이르렀다. 쿠바 원주민의 대다수를 이루었던 타이노족은 체구가 작고 허약해서 유럽인들의 강제 노동을 견디지 못하고 자살하거나 전염병으로 전멸하다시피 했다. 스페인이 쿠바 섬을 점령하기 전에 이곳에 살고 있던 원주민은 대략 11만 명 정도였는데, 1550년에 3000명으로 급격히 감소했으며 1560년에는 거의 전멸했다. 그러자 스페인인들은 식민 사업에 필요한 노동력을 충원하기 위해 아프리카에서 노예를 들여오기 시작했다.

Ⅲ. 사탕수수 플랜테이션과 노예제

원래 아랍이 원산지인 사탕수수는 12세기에 유럽으로 전해졌다가 15세기에 아메리카로 전파되었다. 1493년에 콜럼버스가 2차 항해 때 사탕수수 재배 전문가를 아메리카로 데려갔던 것이다. 쿠바에서 사탕수수가 본격적으로 재배되기 시작한 것은 1547년부터였다. 쿠바의 비옥한 토양과 풍부한 일조량과 강수량은 사탕수수를 재배하기에 안성맞춤이었다. 그 후 사탕수수는 카리브 해 전역으로 확산되어 오늘날에는 이 지역을 상징하는 가장 중요한 농산물이 되었다. 특히 쿠바는 세계 최대 설탕 수출국이 되었다. 게다가 19세기 들어서는 사탕수수를 증류시켜 만든 럼주가 카리브 해 지역 설탕산업의 주요 부산물로 떠오르게 되었다. 그리하여 쿠바가 세계 최대 럼주 생산국이 되었고 럼주가 쿠바의 주요 수출품으로 자리 잡게 되었다.

아메리카에서 유럽인들은 사탕수수를 플랜테이션이라 불리는

02 | 1667년 사탕수수 플랜테이션(apwhod2010.pbworks.com)

대농장에서 노예 노동력을 이용하여 재배했다. 사탕수수가 환금
작물이었기 때문에 유럽인들은 대규모 농장에서 많은 양의 사탕
수수를 생산하여 막대한 수익을 올리려고 했다. 하지만 원주민 인
구의 급격한 감소로 플렌테이션 노동력이 턱없이 부족한 상태였
다. 그리하여 유럽인들은 노예무역을 통해서 흑인 노예들을 아프
리카에서 아메리카로 들여왔다. 흑인 노예들은 체력과 지구력이
강해서 원주민 4명 몫의 일을 해낼 수 있었다. 하지만 쿠바에 도착
한 흑인 노예들은 과도한 노동과 영양부족으로 7년을 채 넘기지
못했다. 18~19세기 사탕수수 농장 등이 크게 늘어나면서 흑인 노
예 인구도 증가했다. 1763년에 6만 명이던 흑인 노예가 1841년에
는 50만 명으로 증가하여 쿠바 인구의 1/3을 차지했다. 하지만 흑
인 노예 사망률이 높았기 때문에 쿠바 식민 정부는 노예를 끊임없
이 수입하면서 노예제를 계속 유지해나갔다.

　　그러나 노예에 대한 대지주들의 착취가 심해지고 주변 국가들에서 노예제가 폐지되면서 쿠바도 그 영향을 받지 않을 수 없었다. 흑인 노예들 사이에서 노예제 폐지를 위한 운동이 싹트기 시작했다. 1844년 쿠바 역사상 가장 격렬한 흑인 노예 저항운동이 일어났지만 결국 실패로 끝나고 말았다. 그 후 10년 전쟁(1868~1878)이 일어나서 단계적인 노예해방이 이루어졌다. 하지만 1880년에 노예의 자유를 제한하는 노예보호법이 제정되어서 일정 기간 동안 주인의 '보호'를 받은 후에야 자유를 얻을 수 있게 되었다. 그러나 자본주의가 발전하게 되면서 노예제가 걸림돌로 작용하고 노예 해방에 대한 압력이 거세지게 됨에 따라 스페인 정부는 더 이상 노예제를 유지할 수 없게 되었다. 그리하여 1886년에 드디어 350여 년간 쿠바를 지배했던 노예제가 폐지되었다.

Ⅳ. 카리브 해의 해적

몇 해 전 개봉된 "카리브 해의 해적"은 우리나라에서도 큰 인기를 끌면서 흥행에 성공했다. 잭 스페로 선장 역할을 한 조니 뎁은 이 영화로 상당한 인기를 누리기도 했다. 그만큼 우리에게 카리브 해의 해적 이야기는 그리 낯설지 않다. 어린이 동화 R. L. 스티븐슨의 『보물섬』에 나오는 키다리 존 실버, J. M. 베리의 『피터팬』에 나오는 악명 높은 해적 후크 선장 등을 통해서 우리에게 해적은 상당히 친숙한 인물로 느껴지는 게 사실이다.

이러한 카리브 해 해적의 시대는 스페인 정복자들이 카리브 해의 섬들에서 금을 발견하고 멕시코와 볼리비아에서 엄청난 양의 은을 발견하면서 시작되었다. 스페인 정부는 식민지 아메리카에서 생산된 많은 양의 금과 은을 이베리아 반도로 수송해야 했다.

이때 스페인의 보물선들이 카리브 해, 특히 아바나로 집결했다. 왜냐하면 플로리다 반도와 쿠바 사이에서 시작되는 멕시코 만류가 유럽까지 흘러가므로 이를 이용하면 유럽까지 손쉽게 갈 수 있었기 때문이다. 이 멕시코 만류는 아바나에서 출발하여 플로리다 해협을 지나 스페인의 세비야까지 이르는 일종의 해상고속도로였던 셈이다.

이러한 보물선들을 약탈하기 위해 해적들이 카리브 해에 득실거리게 되었다. 더군다나 카리브 해는 해적들이 활동하기에 안성맞춤인 지역이었다. 카리브 해의 섬들은 만이 많아서 숨을 곳이 많았기 때문에 해적들에게 좋은 기지를 제공했다. 카리브 해의 대부분 지역이 물에 잘 용식되는 석회암으로 이루어져서 해안 동굴 같은 은신처로 이용하기 쉬운 지형들이 많이 발달해 있었다. 이러한 곳에 해적 기지들이 들어서게 되었다. 이에 대해서 스페인은 항구를 요새화하는 것으로 대응했으며, 화물의 수송을 보호하기 위해 대선단 플로타(flota)를 조직했다.

이렇게 카리브 해의 해적들이 활발하게 활동을 벌일 수 있었던 데에는 유럽 열강들의 지원과 묵인도 한몫 했다. 스페인 정부의 행운을 시기한 영국과 프랑스는 해적을 적극적으로 지원했다. 1588년 아바나를 차지했던 악명 높은 해적 자크 드 소어는 프랑스인이었고, 산토 도밍고와 카르타헤나를 비롯하여 스페인 항구들을 공격하여 혁혁한 공을 세운 그 유명한 프랜시스 드레이크 선장은 영국인이었다. 유럽 열강들은 정치적, 경제적 목적으로 해적을 지원했다. 이러한 해적들은 유럽 제국주의의 주요 수단으로 이용되었으며, 그들의 스페인 선단 공격은 스페인의 식민지 지배를 약화시켰고, 그 결과 영, 프, 네덜란드 등 유럽 열강들이 카리브 해 지역에서 영향력을 강화시키게 되었다.

V. 호세 마르티(José Martí)와 독립운동

호세 마르티는 쿠바의 독립 운동 역사에서 가장 중요한 인물이다. "쿠바 국민의 아버지"로 간주되는 호세 마르티는 카리스마 있는 시인이자 수필가이며 정치 활동가였다. 그는 1892년에 쿠바혁명당을 창설했으며, 1895년에는 애국파의 쿠바 침공에 참여했다가 스페인과 소규모 충돌을 벌이다 정부군의 총에 맞아 죽었다.

호세 마르티가 쓴 『우리 아메리카』라는 에세이는 라틴아메리카가 자신의 유산을 자랑스럽게 생각하고 미국과 유럽과 동등한 조건에서 자신의 위치를 차지해야 할 필요성을 주장하는 글이다. 이 에세이는 아메리카인들에게 정체성을 일깨워 준 가장 중요한 선언문들 중 하나로 간주되고 있다.

1894년 쿠바는 마르티의 지휘 아래 쿠바 혁명당을 중심으로 독립 운동을 준비하기 시작했다. 그해 12월 플로리다를 떠나 쿠바를 향한 마르티는 쿠바에서 활동하고 있는 독립투사들과 연합하여 스페인 전복을 기도했지만 실패했다. 1895년 마르티가 죽자 독립 운동의 불꽃은 더 활활 타오르게 되었다. 결국 1898년 2월 드디어 스페인 여왕이 쿠바 자치정권 수립에 동의하게 되었다.

하지만 이것은 스페인 제국의 마지막 해외 식민지였던 쿠바를 미국에 넘겨주게 되는 과정의 시작이었다. 얼마 지나지 않아 아바나에 정착 중이던 미국 군함 메인호 폭발 사건이 일어났다. 미국은 메인 호가 스페인 함정의 어뢰에 맞아 폭발했다고 주장하면서 이것을 구실로 스페인에 선전포고를 했고, 결국 이 미서전쟁에서 미국이 승리했다. 12월 10일 미국과 체결한 파리조약에서 스페인은 쿠바, 푸에르토리코, 필리핀, 괌을 잃었다. 1899년 1월 1일 스페인은 정식으로 쿠바를 미국에게 이양했다. 쿠바인들은 스페인의 통치에서는 벗어났지만 다시 미국의 지배 하에서 50여 년을 보내야 했다.

VI. 쿠바와 미국

스페인에게서 쿠바를 양도받은 미국은 우선 마르티가 만든 쿠바 혁명당을 해체했다. 이윽고 미국은 쿠바에 진출하여 쿠바의 토지, 사탕수수 대농장, 광산 등을 헐값에 사들이고, 심지어 쿠바를 합병시키려는 계획까지 세웠다. 그러나 미국 남부의 반대로 미국의 쿠바 합병 계획은 무산되고 말았다. 하지만 1901년 미국과 쿠바 정부는 플래트 수정안(Platt Amendment)을 부가한 쿠바 헌법을 통과시켰다. 이 수정안은 미국이 외교, 통상에 관한 쿠바의 주권을 침해하고, 내정간섭하는 것을 인정하는 법이었기 때문에, 쿠바인들은 지속적으로 이것의 폐기를 요구했다.

하지만 미국은 이 수정안에 기초하여 맺은 미국과 쿠바 간의 협정에 따라 쿠바에 당당히 입성하여 정치·경제적으로 쿠바를 잠식해 들어갔다. 이 수정안에 따라 미국은 무엇보다도 쿠바의 관타나모 항구에 대한 영구조차권을 가지게 되었다. 그리하여 미국은 이곳에 대규모 군사기지를 건설했다. 관타나모는 쿠바 제3의 항구로 항만이 깊어 훌륭한 방어조건을 가지고 있으며, 카리브 해와 라틴아메리카를 견제할 수 있는 전략적 요충지였다. 이 관타나모에 대한 조차권은 1934년 플랭클린 루즈벨트 대통령이 플래트 수정안을 폐기한 이후에도 오늘날까지 계속 유지되고 있다.

이처럼 플래트 수정안 이후 쿠바는 미국의 반식민지로 지냈다. 대통령들도 대부분 미국의 조종을 받고 있었으며, 미국의 다

국적 기업과 손을 잡고 있는 사람들이 쿠바의 거의 모든 경제 자원을 독점하고 있었다. 그래서 쿠바 사회의 빈부 격차는 더욱 심화되었다.

　이러한 미국과 쿠바의 우호적인 관계가 막을 내리게 된 것은 쿠바혁명 이후였다. 혁명정부는 쿠바의 모든 기업을 국유화했다. 설탕공장, 럼주공장, 정유공장, 은행 등 외국, 특히 미국의 자본으로 운영되던 기업들을 국가가 몰수했다. 그리하여 쿠바에 진출해 있던 미국의 다국적 기업들이 큰 타격을 입게 되었다. 이에 격분한 미국은 대 쿠바 경제봉쇄 정책을 실시했다. 1960년 미국은 쿠바의 설탕 수입을 중단하고 쿠바에 원유를 공급하는 것과 기타의 경제 원조를 모두 중단했다. 그리고 전 세계에 퍼져 있는 모든 미국 기업이 쿠바에 기계설비 및 부품을 판매하지 못하도록 하고, 식료품과 의약품도 판매하지 못하게 하는 등 전면적인 무역 금수조치를 취했다. 이때 쿠바에 도움의 손길을 뻗친 것이 소련이었다. 소련은 쿠바에 1억 달러 차관을 지급하고 쿠바의 설탕을 수입하기로 했다. 그리하여 쿠바는 소련과 정식 국교를 수립하고 미국의 경제봉쇄로 인한 경제위기를 극복하려고 했다. 결국 1961년 쿠바와 미국은 국교를 단절하는 사태에 이르게 되었으며, 지금도 양국의 국교는 단절된 상태이다.

Ⅶ. 1959년 쿠바혁명과 체 게바라

　쿠바혁명이 일어나기 직전 쿠바는 쿠데타로 집권한 바티스타 정권의 독재와 미국의 지배로 인하여 극도로 부패한 상태였다. 혁명세력은 이러한 상황에서는 쿠바가 영원히 독립국가가 될 수 없다고 생각했다. 그리하여 1953년 1월 28일 마르티 탄생 100주년을 기념하여 민중혁명을 일으켰다. 그리고 7월 26일 카스트로는 애국청년단원 100여 명을 이끌고 산티아고 몬카다 병영을 습격했다. 그러나 혁명은 실패했고 카스트로는 체포되었다. 변호사였던 카스트로는 재판에서 스스로 자신을 변호했는데, 이때 그는 "역사가 나의 무죄를 증명할 것이다"라는 유명한 말을 남겼다. 당시 카스트로는 15년 형을 선고받았으나 1955년에 석방되었다. 바티스타 정권이 혁명세력을 척결하기 위해 대대적인 색출과 처형을 하기 시작하자 카스트로는 일단 멕시코로 망명했다. 거기에서 그는 전설적인 혁명 영웅 체 게바라를 만났다. 카스트로와 체 게바라는 1년 간 쿠바혁명을 철저하게 계획한 후 1956년 2월 멕시코를 떠나 시에라 마에스트라 산맥으로 향했다. 결국 1959년 1월 8일 아바나에 입성하는 데 성공함으로써 쿠바혁명은 막을 내렸다.

쿠바혁명의 영웅 체 게바라는 원래 의학도였다. 그는 의학도 시절 자전거를 이용한 남미 여행을 통해서 제국주의와 자본주의에 의해 착취와 억압받는 민중들의 현실에 눈을 뜨게 되었다. 이 과정은 영화 "모터사이클링 다이어리"에 잘 묘사되어 있다. 체 게바라는 멕시코에서 라울과 피델 카스트로 형제를 만나면서 쿠바의 바티스타 독재정권에 대항한 혁명운동에 참여하게 되었다. 그리하여 체 게바라는 카스트로와 더불어 바티스타 정권을 몰아내고 쿠바혁명을 성공으로 이끄는 데 중요한 역할을 했다. 쿠바 혁명 후에는 혁명정부에서 산업장관, 외교장관, 국가 은행 총재 등을 역임하는 등 중요한 역할을 수행했다. 하지만 1965년 체 게바라는 라틴아메리카 다른 나라들의 혁명을 돕기 위해 쿠바를 떠났다. 그후 게릴라 활동을 벌이다가 1967년 볼리비아의 작은 시골마을의 학교에서 CIA의 사주를 받은 볼리비아 무장군인에 의해 사살되었다. 그의 시신은 1997년 볼리비아에서 쿠바로 옮겨져서 산타클라라에 안치되었다. 그래서 산타클라라는 체 게바라와 함께 쿠바혁명의 상징이 되었다.

Ⅷ. 쿠바의 종교와 예술

1. 산테리아(Santería)

산테리아는 쿠바의 대표적인 종교 중 하나이다. 이 종교는 아프리카에서 노예로 끌려온 흑인 노예들이 아프리카 흑인 부족 신앙, 특히 요루바 부족 신앙과 가톨릭을 결합시키면서 비롯되었다. 그들은 스페인 지배자의 눈을 피해 몰래 산테리아 의식을 거행하면서 자신들의 고단한 영혼을 위로했다. 눈을 피하기 위한 하나의 방편으로 흑인 노예들의 신인 오릿샤(Orichas)를 가톨릭의 성모, 성인과 동일시하며 포장했다. 하지만 가톨릭 교회가 처음 산테리아 의식을 접했을 때는 이단으로 간주하여 엄격히 금지했다. 산테리아는 1950년이 되어서야 합법적으로 종교로 인정받았으며, 현재 쿠바의 가장 보편적인 민간신앙이다.

산테리아는 가톨릭과 비슷하면서도 다른 점이 많은데, 그중 가장 크게 다른 점은 신도들이 함께 모여 기도를 드리고 의식을 거행하는 교회 같은 공간이 없다는 것이다. 사제들은 자신의 집에 제단을 차려 놓고 매일 가톨릭의 성부와 성자와 성령에 해당하는 올로두마레, 올로룬, 올로핀에게 경건히 기도하고 그가 숭배하는 오릿샤와 조상에게 제사를 지낸다. 제사를 지내는 동안 오릿샤는 사제의 몸을 빌려 북소리에 맞춰 춤을 춘다. 제단 앞에서 가축을 죽여 그 신선한 피를 제단에 뿌리는 의식도 행하는데, 이러한 행위가

신을 기쁘게 한다고 생각했기 때문이다. 그리고 산테리아는 가톨릭의 유일신 개념과 달리 여러 신을 섬기는 무속신앙에 가까운 종교이다.

2. 살사

스페인어 사전에 의하면 "살사"는 여러 가지 재료를 섞어 만든 일종의 소스이다. 우리에게도 살사 소스가 잘 알려져 있다. 마찬가지로 음악에서 살사라는 장르도 여러 가지 음악 장르가 혼합되어 탄생한 것으로, 힘들고 지친 삶에 안식과 재미를 더해주는 역할을 한다. 살사의 매력은 음악에서 시작해서 댄스로 완성된다는 것이다.

살사는 원래 아프리카 춤인 룸바에 기원을 두고 있으며, 1920년대 쿠바이 민요 '손'의 자유분방한 매력을 '살사'라는 단어로 표현하면서 살사가 널리 알려지게 되었다. 미국으로 망명한 쿠바 작곡가들이 살사 음악을 상업화하는 데 성공하여 살사가 뉴욕의 최고 유행음악이 되었으며, 라틴음악의 독특성을 대표하는 것으로 자리 잡았다.

3. 헤밍웨이와 쿠바

미국의 위대한 작가인 헤밍웨이는 쿠바를 사랑한 대표적인 인물 중 하나이다. 1954년 노벨상 수상의 영광을 안긴 헤밍웨이의 소설 『노인과 바다』는 쿠바의 한 작은 어촌 코시마를 배경으로 하고 있다. 소설 속의 노인은 실제로 코시마에 사는 늙은 어부 그레고리오 푸엔테스(Gregorio Fuentes)를 모델로 한 것이다.

스페인 문화에 관심이 많았던 헤밍웨이는 스페인 문화 전도사였다. 『태양은 다시 떠오른다』는 스페인 북부의 시골 마을 팜플로나를 배경으로 하고 있으며, 『누구를 위하여 종은 울리나』는 스페인 내전을 배경으로 이루지 못한 남녀의 사랑을 다루고 있다. 그는 스페인 내전에 직접 참여했으며 투우와 바다낚시와 사냥을 무척 좋아했다.

헤밍웨이는 1931년부터 여러 차례 쿠바를 방문하면서 암보스 문도스 호텔에 머물렀다. 그러다가 1939년에 아바나 교외에 비기아 농장을 짓고 장기 체류를 했다. 그는 낚시를 즐겨서 배를 타고 바다 한가운데로 나가 물고기를 잡곤 했다. 이러한 풍부한 바다낚시 경험을 바탕으로 『노인과 바다』를 완성했다. 헤밍웨이는 20여 년간 아바나에 머물면서 스스로 쿠바인이라고 생각했다. 그는 노벨문학상 패를 쿠바 수호성인 카리다드 성모에게 바쳤다.

헤밍웨이가 머물렀던 곳들은 오늘날 관광객들의 순례지가 되었다. 여행객들은 암보스 문도스 스카이라운지 레스토랑에서 쿠바 음식을 맛보며 아바나 구 시가지를 조망하기도 하고 비기아 농장 집에 들러 그의 일상을 간접적으로 경험해보기도 한다. 또 여행객들은 헤밍웨이 보트클럽에서 배를 타고 나가 바다낚시를 즐기기도 한다. 위대한 작가 헤밍웨이의 발자취를 좇아가는 길은 쿠바 여행에서 중요한 관광 코스로 자리 잡고 있다.

1961년 육체적 정신적 고통에 시달리던 헤밍웨이는 건강이 악화되어 치료를 위해 쿠바를 떠나 미국으로 갔다. 하지만 헤밍웨이는 엽총을 이마에 대고 방아쇠를 당겨 자살로 생을 마쳤다. 그의 나이 62세였다.

　이상에서 쿠바와 관련된 주요 주제들을 중심으로 쿠바의 역사
와 문화를 살펴봤다. 쿠바는 사회주의 국가로서 우리나라와 아직
국교를 수립하지 않았지만, 카리브 해의 아름다운 섬나라로 꼭 한
번 가볼만한 곳이다. 천혜의 자원과 지정학적인 중요성, 순박한
인심 등은 아름다운 섬 제주도와도 일맥상통하는 점이라고 할 수
있다. 부족하나마 이 글이 쿠바에 대한 이해를 넓힐 수 있는 기회
가 되기를 빈다

| 참고문헌 |

강태오 저, 『체 게바라의 나라 쿠바를 가다』, 마루, 2000.

김희순, 「카리브 해의 해적과 해류」 『트랜스라틴』 vol.17, 서울대학교 라틴아메리카
　　　연구소, 2011.

레오 휴버만; 폴 M.스위지 공저, 지양사 편집부 역, 『쿠바혁명사』, 지양사, 1985.

루벤스타인 저, 김희순 외 역, 『현대 인문지리: 세계를 펼쳐 놓다』, 시그마프레스,
　　　2010.

천샤오추에 저, 양성희 역, 『쿠바: 잔혹의 역사, 매혹의 문화』, 북돋음, 2007.

크리스토퍼 콜럼버스 저, 이종훈 역, 『콜럼버스 항해록』, 서해문집, 2004.

헨리 루이스 테일러 저, 정진상 역, 『쿠바식으로 산다 : 밑바닥에서 본 아바나의 이웃
　　　공동체』, 삼천리 , 2010.

Leslie Bethell ed., *Cuba: A Short History*, New York: Cambridge University Press,
　　　1993.

Ted A. Henken, *Cuba: A Global Studies Handbook*, Santa Barbara: ABC-Clio,
　　　2008.

Aviva Chomsky, Barry Carr and Pamela Maria Smorkaloff eds., *The Cuba Reader:
　　　History, Culture, Politics*, Durham: Duke University Press, 2004.

세계의 섬을 찾아가다

에메랄드빛 아일랜드

한일동 용인대학교 영어과 교수

▲ 클립스 오브 모어

에메랄드빛 아일랜드

　최근 영국의 경제전문지 『이코노미스트』는 세계 111개 나라 가운데 아일랜드를 '세계에서 가장 살기 좋은 나라'로 선정했다. 낮은 실업률과 높은 경제성장, 정치적 자유 등이 전통적 가치와 성공적으로 결합된 나라라는 이유에서다. 반면에 아일랜드를 거의 800년 동안 식민 통치했던 영국은 29위를 기록했다. 유럽의 최빈국이 불과 10년 만에 고도성장을 통해 후진국에서 선진국으로 도약하고, 완전 고용을 실현함은 물론, 1인당 국민소득 5만 달러를 달성하여 영국을 앞지른 과정은 가히 '리피강(Liffey River, 더블린 시내를 가로지르는 강)의 기적'이라 할 만하다.[1]

　21세기에 들어 한국에서는 '아일랜드 배우기'가 한창이다. 신문과 잡지는 물론이고 텔레비전에서도 아일랜드를 다루는 특집 프로가 부쩍 늘었다. 교육계에서는 유연하고 개방적인 사고(思考)를 지닌 엘리트 양성을 통해 부강해진 아일랜드를 벤치마킹 대상으로 삼아야 한다고 역설한다. 경제계에서는 개방적인 외자유치 정책과 노사정(勞使政) 화합에 기초한 유연하고 실용적인 아일랜드의 경제성장의 비결을 배워야 한다고 주장한다. 지금 아일랜드는 '켈틱 타이거'(Celtic Tiger, 아일랜드의 비약적인 경제성장을

---

1) 『주간조선』, p. 15.

일컫는 말)의 등에 올라 유례없는 경제 호황과 물질적 풍요를 누리고 있다. 때문에 아일랜드식 모델에 대한 동경의 물결이 우리 사회에 일렁이고 있다.[2] 과거에는 '유럽의 인도'로, 최근에는 '작지만 강한 국가'로 부상하여 전 세계인의 이목(耳目)을 끌고 있는 아일랜드는 과연 어떤 나라인가?

우리가 보통 그레이트 브리튼(Great Britain)이라고 말할 때, 여기에는 잉글랜드(England), 스코틀랜드(Scotland), 그리고 웨일스(Wales)가 포함되고, 연합 왕국(The United Kingdom)이라고 말할 때에는 잉글랜드, 스코틀랜드, 웨일스, 그리고 북아일랜드(Northern Ireland)를 합쳐서 지칭하는 것이다. 그러므로 영국의 정식 영어 명칭은 'The United Kingdom of Great Britain and Northern Ireland'이다. 그러나 보통 줄여서 편하게 GB 또는 UK라고 한다. 아일랜드는 영국 바로 옆에 위치하고 있는 섬나라로 1949년에 영국으로부터 완전히 독립했다. 하지만 북아일랜드는 지금도 여전히 영국의 속국으로 남아있다. 우리가 '아일랜드', '아일랜드 공화국', '에이레', '애란' 등으로 부르는 나라의 정식 영어 명칭은 'The Republic of Ireland'이며, 보통 줄여서 'Ireland' 또는 'The Republic'이라고 한다. 한편, 로마 사람들이 붙인 라틴어 명칭은 'Hibernia'이고, 아일랜드의 옛 영어 명칭은 '투아하 데 다난'(Tuatha de Danaan: Danu 여신의 부족)의 여왕이었던 'Eriu'에서 유래한 'Eire' 또는 'Erin'이다.

아일랜드의 국기는 초록, 흰색, 주황으로 되어있는데, 초록색은 가톨릭과 남아일랜드를 상징하고, 주황색은 신교와 북아일랜드를 상징하며, 흰색은 이 둘의 화합을 상징한다.

---

2) 송현옥

아일랜드의 상징 색은 초록색이다. 때문에 아일랜드를 '에메랄드 섬'(Emerald Isle) 또는 '에메랄드빛 아일랜드'라고도 한다. 또 다른 상징은 하프(Harp)와 세 잎 클로버이다. 세 잎 클로버는 영어로 '샴록'(Shamrock)이라고 하는데, 이는 아일랜드가 가톨릭 국가라서 성자, 성부, 성신의 삼위일체를 뜻한다.

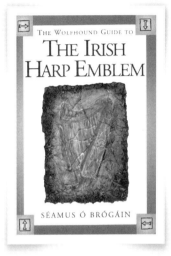

01 | 아이리시 하프

서유럽의 끝자락에 붙어 있는 멀고 먼 나라 아일랜드 하면, 흔히 사람들은 폭력과 유혈사태가 난무(亂舞)하는 두렵고 무서운 나라라는 이미지를 떠올린다. 하지만 그것은 예전에 있었던 북아일랜드의 이야기이고, 남아일랜드는 아

02 | 샴록

마 이 세상에서 가장 아름답고 평화로운 에메랄드빛 전원의 나라이다.

일찍이 아일랜드의 시인 윌리엄 버틀러 예이츠(William Butler Yeats: 1865~1939)는 그가 어린 시절 뛰놀던 '길 호수'(Lough Gill)의 '이니스프리 호수 섬'(The Lake Isle of Innisfree)을 그리며 다음과 같은 아름다운 시를 썼다.

이니스프리 호수 섬

나 이제 일어나 가련다 이니스프리로,
그 곳에 흙과 욋가지 엮어
작은 오두막집 하나 짓고,
아홉이랑 콩밭 갈고 꿀벌 치면서,
꿀벌소리 요란한 골짜기에 홀로 살리라.

그러면 다소간의 평화를 누리겠지,
평화가 아침의 장막으로부터
귀뚜라미 울어대는 곳까지
살포시 방울져 내릴 테니까.
그 곳의 한낮은 자주 빛 광채,
저녁엔 홍방울새 날개 짓 소리 그득하고,
밤에는 온통 희미한 빛이어라.

나 이제 일어나 가련다,
밤이나 낮이나
호숫가에 찰싹이는
물결소리 들리는 곳으로.
지금도 한길가나 포도 위에 서 있노라면
내 마음 깊은 곳에
그 소리 들리나니.

03 | 이니스프리 호수 섬 전경

번잡한 현대문명과 세파에 찌든 불쌍하고 고달픈 현대의 영혼들이여! 문학과 음악 그리고 춤이 있는 문화의 고향 아일랜드로 오라. 그러면 아일랜드가 그대들의 가없고 지친 영혼을 달래줄 것이니.

에메랄드빛 아일랜드 섬은 서유럽의 끝자락 대서양 연안에 위치하고 있으며, 전체 면적은 84,421km²이고, 이 중에서 남아일랜드가 섬의 83%를 차지한다. 남아일랜드의 인구는 420만이고 북아일랜드의 인구는 170만이다. 북아일랜드의 주도(主都)는 호화 유람선 '타이타닉'(Titanic) 호가 건조된 벨파스트(Belfast)이고 남아일랜드의 수도는 제임스 조이스(James Joyce)의 작품 배경이 되고 있는 더블린(Dublin)이다. 기후는 전형적인 해양성 기후이나 여름 3개월을 제외하고는 비가 오고 바람이 부는 날이 많다. 일상 언어로는 그들의 토속 언어인 게일어(Gaelic)와 영어를 공용어로 사용하고 있으며, 인종은 켈트(Celt)족이고, 종교는 주로 가톨릭이다.

우리 남한 보다 작은 이 나라가 그토록 긴 세월동안 처절한 고난과 시련을 겪어 왔고, 그들의 가슴속에는 아직도 풀리지 않는 한(恨)의 응어리가 자리하고 있다는 사실을 아는 이는 아마 별로 없을 것이다. 19세기 아일랜드 역사가 윌리엄 리키(William E. Lecky)가 "인류 역사상 이들만큼 고난을 겪어온 민족은 일찍이 없었다"라고 말한 것처럼, 그들 스스로를 '이 세상에서 가장 슬픈 나라'라고 불렀던 아일랜드인들의 슬픔은 아일랜드가 영국 바로 옆에 위치하고 있다는 지정학적인 사실로부터 기인할지도 모른다.[3]

흔히들 한국을 동양의 아일랜드라고 한다. 온갖 역경과 시련 속에서도 꿈을 잃지 않고 민족적 자부심과 고유한 민족문화를 지

---

3) 박지향, p. 31.

04 | 아일랜드 감자 대기근

키며 사는 민족성이 유사한 점을 두고 하는 말 같지만, 사실은 외부 세력의 끊임없는 압박을 숙명처럼 받아들이며 살아온 역사 때문인지도 모른다. 한국과 일본이 가장 가까우면서도 가장 먼 이웃이듯이, 아일랜드와 영국은 정말로 가깝고도 먼 이웃이다. 우리는 일제의 식민 통치를 36년 동안 받았지만, 12세기 이래로 근 800년이라는 긴 세월을 영국의 식민 통치를 받으면서 살아온 아일랜드인들의 역사를 생각한다면 그들의 슬픔과 시련이 어떠했겠는지 가히 짐작이 가고도 남는다. 특히 그들의 주식인 감자의 잎마름병으로 인해 1845년부터 7년 동안 지속된 대기근(The Great Famine: 1845~1851)의 참혹한 역사는 인류 역사상 전무후무(前無後無)한 일이었다.

해가 지지 않는 대영제국의 방치 아래 100만이라는 엄청난 인구가 굶주림에 지쳐 죽어갔고, 끝내는 수많은 아일랜드인들이 배고픔을 견딜 수가 없어 영국, 호주, 캐나다, 미국 등지로 떠나가는 배에 아무런 기약도 없이 몸을 내맡겼던 것이다. 이때 사랑하는 가족, 친지, 연인들을 부둥켜안고 흐느껴 울면서 불렀던 노래가 바로 '대니 보이'(Danny Boy, 우리나라에서는 '아 목동아!' 로 불리고 있음)로, 이는 그들이 기쁠 때나 슬플 때에 뼈아팠던 지난날을 회상하면서 애국가 다음으로 즐겨 부르는 노래이다.

우리 한민족이 반만년의 역사 동안 끊임없이 외세의 침략을 받았으면서도 불요불굴의 저항 정신과 은근과 끈기로써 살아왔듯이, 아일랜드인들도 한(lamentation)과 패배(defeat)와 실패(failure)로 점철된 역사로 인해 온갖 수난과 고통을 겪으면서도 그들의 민족정기를 끝내 잃지 않고 문화 민족으로서의 민족적 자부심을 지켜왔다. 왜냐하면 예이츠가 "세계의 정신사는 피정복 민족의 역사였다"라고 말한 것처럼, 물질적인 실패는 정신의 승리를 의미하기 때문이다. 오늘날 그들이 '유럽의 인도'라 자부하면서 문화적 우수성을 전 세계에 과시할 수 있는 것도 따지고 보면 이러한 한의 역사와 무관치 않을 것이다.

때로 사람들은 한국 사람들이 라틴(Latin)족인 이태리 민족과 유사하다고 말한다. 그러나 노래 부르기를 좋아하는 것 말고는 사실상 두 민족 사이에는 닮은 점이 별로 없다. 오히려 한국 사람들은 아일랜드 사람들과 가장 비슷하다고 할 수가 있다. 자기 민족이야말로 이 세상에서 가장 순수하고 순결하며 뛰어나다고 믿는 맹목적인 애국심, 자신들이 이 세상에서 가장 고난 받은 민족이며 슬픈 민족이라고 생각하는 경향, 그리고 실제로 강대국 곁에서 겪어온 수난의 역사 등 아일랜드와 우리나라는 역사적으로나 정서적으로 닮은 점이 너무나도 많다.[4]

---

4) 박지향, p. 17.

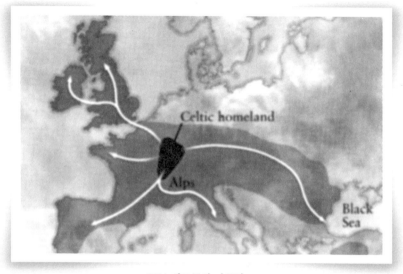

05 | 켈트족의 이동경로

    아일랜드 인구의 대다수를 차지하고 있는 켈트족은 매슈 아놀드(Matthew Arnold: 1822~88)가 일찍이 지적했듯이, 본능과 상상력을 중시하는 정감적인 민족이다. 계절의 변화가 펼쳐주는 아름다운 자연을 벗 삼아 야생의 생활을 즐기면서, 먹고 마시고 이야기를 나누며, 춤추고 노래하기를 좋아하는 호탕한 기질을 지닌 민족이다. AD 431년 로마 교황이 파견한 선교사 팔라디우스(Palladius)에 의해 처음으로 기독교가 전파되고, AD 432년 아일랜드의 수호성인(守護聖人) 성 패트릭(St. Patrick)에 의해 수도원이 설립되어 본격적으로 기독교가 민중들 사이에 보급되기 이전까지 그들은 삼라만상의 자연에 편재하는 정령과 영혼의 불멸성을 믿는 이교도들이었다.

    수도원의 설립과 기독교의 보급은 켈트족의 찬란했던 과거의 문화유산을 화려하게 꽃피우는 계기가 되었다. 수도원을 중심으로 수사(修士)들에 의해 민중들 사이에 구전(口傳)으로 전해지던 신화, 민담, 설화, 역사 등이 기록되어 널리 보급되고 보존되면서, 아일랜드는 유럽의 암흑기에 유럽 정신문명의 진원지이자 유럽 문화의 중심 무대가 되었다. 또한 유럽의 거의 모든 국가가 로마의 침략을 받아 그들의 과거 문화유산이 대부분 소실되었지만, 유독 아일랜드만이 로마 제국의 손길이 미치지 않았기 때문에, 그들의 찬란했던 고대 켈트문화가 문헌으로 온전히 보존되고 전수되어 오늘날 그들의 문화적 위세를 전 세계에 뽐낼 수 있는 자산이 되고 있다.

우선, 아일랜드는 문학 방면에서 조지 버나드 쇼(George Bernard Shaw), 윌리엄 버틀러 예이츠(William Butler Yeats), 사무엘 베케트(Samuel Beckett), 셰이머스 히니(Seamus Heaney)와 같은 노벨문학상 수상자를 위시하여, 조나단 스위프트(Jonathan Swift), 오스카 와일드(Oscar Wilde), 숀 오케이시(Sean O'Casey), 존 밀링톤 싱(John Millington Synge), 올리버 골드스미스(Oliver Goldsmith), 제임스 조이스(James Joyce) 등 세계 문학사에 빛나는 수많은 대 문호들을 배출함으로써 문학에 관한한 타의 추종을 불허하고 있다.

다음으로, 음악 분야에서는 전통악기인 보드란(bodhran: 염소 가죽으로 만든 드럼의 일종), 하프(harp), 피들(fiddle), 페니 휘슬(penny whistle) 등으로 연주하는 민속음악이 유명하고, 이러한 전통 때문에 아일랜드 출신 가수들은 세계 음악계에서도 상당한 팬을 확보함으로써 주목을 받고 있다. 세계적으로 유명한 가수로는 영화 「반지의 제왕」(The Lord of the Rings)에서 삽입곡 '되게 하소서'(May It Be)를 부른 엔야(Enya)를 비롯해서 벤 모리슨(Van Morrison), 메리 블랙(Mary Black), 시네이드 오코너(Sinead O'Connor), 다니엘 오도넬(Daniel O'Donnell), 데미안 라이스(Damien Rice), 조 돌란(Joe Dolan), 크리스티 무어(Christy

06 | 스텝 댄스

Moore) 등이 있고, 대표적인 그룹으로는 플랑스티(Planxty), 무빙 하츠(Moving Hearts), 클래나드(Clannad), 치프턴스(The Chieftains), 크랜베리스(The Cranberries), 더블리너스(The Dubliners), 코어스(The Corrs), 보이존(Boyzone), U2 등이 있다. U2 그룹의 리드 싱어인 보노(Bono)는 최근 세계은행 총재 후보로 거론되기도 했으며, 1999년 데뷔한 감미로운 목소리의 4인조 밴드인 웨스트라이프(Westlife)도 모두 아일랜드 출신들로 구성되어 있다.

마지막으로, 아일랜드의 전통춤으로는 네 쌍의 남녀가 함께 추는 셋 댄스(set dance)와 이 춤을 변형한 케일리 댄스(ceili dance)가 100년 이상 동안 인기를 누려오고 있다. 특히, 상체를 움직이지 않고 발만을 이용하여 추는 스텝 댄스(step dance)는 전 세계적으로 유명한데, 근래에는 브로드웨이와 접목을 시도함으로써 상업화에 성공했다. 그 중에 우리나라에서도 공연된 바 있는 스피릿 오브 댄스(Spirit of the Dance), 로드 오브 댄스(Lord of the Dance), 리버댄스(Riverdance) 등은 보는 이들에게 신선한 충격과 감동을 주고 있다.

강과 산, 바다와 호수로 어우러져 늘 에메랄드빛을 발하는 아름다운 나라 아일랜드. 현대 문명의 숨 가쁜 소용돌이 속에서도 시간의 흐름을 저리하고 사색과 명상을 즐기며 유유자적의 삶을

살아가는 마음이
풍요로운 사람들.
펍(Pub)에 둘러앉
아 기네스(Guinness)
맥주를 마시면서
이야기 나누기를
좋아하고, 문학과
음악, 춤과 스포츠
에 취해서 살아가
는 순진무구하고

07 | 기네스 맥주

정겨운 사람들. 물질만능의 어지러운 세상이 중심을 잃고, 파멸의
막다른 골목과 늪을 향하여 줄달음칠 때에도 에메랄드빛 아일랜
드는 영원하리라.

| 참고문헌 |

박영배, 『앵글로색슨족의 역사와 언어』, 지식산업사, 2001.
박우룡, 『영국: 지역 · 사회 · 문화의 이해』, 소나무, 2002.
박일우, 『서유럽의 민속음악과 춤』, 한양대학교 출판부, 2001.
박지향, 『슬픈 아일랜드』, 새물결, 2002.
윤정모, 『슬픈 아일랜드 1』, 열림원, 2000.
이승호, 『이승호 교수의 아일랜드 여행 지도』, 푸른길, 2005.
조신권, 『정신사적으로 본 영미문학』, 한신문화사, 1994.
페트리샤 레비, Culture Shock: Ireland, 이동진 옮김, 『아일랜드』, 휘슬러, 2005.
김순덕, 「동아일보 김순덕 칼럼」(2008. 1. 18), 동아일보사.
송현옥, 「동아일보 문화칼럼」(2006. 10. 25), 동아일보사.
조선일보사, 『주간조선』 1848호(2005. 4. 4).
Killeen, Richard. A Short History of Ireland. Gill & Macmillan, 1994.

Levy Pat & Sean Sheehan. *Ireland*. Footprint, 2005.

Levy, Patricia. *Culture Shock: Ireland*. Marshall Cavendish International(Asia) Private Ltd., 2005.

O hEithir, Breandan. *A Pocket History of Ireland*. The O' Brien Press Ltd., 2000.

Scott Stanley & Dorothea E. Hast. *Music in Ireland*. Oxford: Oxford UP, 2004.

세계의 섬을 찾아가다

자이언트거북과 행복을 논하다

- 진화의 섬, 갈라파고스 -

김상연 과학동아 편집장

▲ 갈라파고스 제도에 많은 큰 선인장

자이언트거북과 행복을 논하다

만일 지구에 단 하나의 섬만 남겨야 한다면? 한국인이야 제주도가 첫손가락일 터이고(개인적으로는 홍도를 남기고 싶다) 신혼부부라면 낭만적인 몰디브나 보라카이를 떠올리지 않을까. 만일 과학자라면? 독자 여러분의 머리에 떠오르는 바로 그 섬, 갈라파고스가 아마도 가장 많은 표를 받을 것이다(2위는 아프리카 마다가스카르일 것이다).

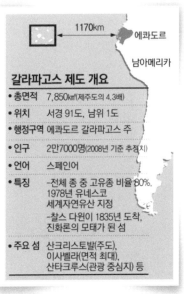

01 | 갈라파고스 위치도
자료제공 : 동아일보

찰스 다윈이 1835년 비글호를 타고 방문해 진화론의 영감을 얻은 것으로 유명해진 갈라파고스 제도. 다윈이 '진화 실험실'로 불렀을 만큼 독특한 동식물이 살고 있는 섬들. 필자는 2012년 여수세계박람회를 기념해 2월 29일부터 3월 4일까지 6일동안 생물학자의 로망으로 불리는 갈라파고스 제도를 탐사하고 돌아왔다.

Ⅰ. 갈라파고스의 진짜 주인, 바다이구아나

갈라파고스에서 가장 많이 봤던 동물은 바다이구아나였다. 험상궂은 외모로 유명한, 공룡의 이름을 처음 지을 때 따다 붙였다고 하는 바로 그 이구아나다(공룡의 이름은 이구아나돈). 처음에는 부두 한켠에서 일광욕을 즐기는 바다 이구아나가 너무 신기해 보일 때마다 카메라 셔터를 눌렀다. 그러나 바닷물만 들어오는 곳이라면 어디나 바다 이구아나가 있는 통에 나중에는 마치 도심의 비둘기처럼 익숙해졌다.

바다 이구아나는 험상궂은 외모와 달리 웬만큼 가까이 가도 도망치지 않을 정도로 순박한 파충류다. 바닷속에서 자라는 식물인 조류를 먹는다. 바다 이구아나의 앙숙은 군함조나 갈라파고스 매 등 새들이다. 이구아나는 짝짓기가 끝나면 모래사장에 알을 낳는

02 | 뜨거운 햇빛을 즐기는 바다이구아나

데 새들이 머리 위를 돌며 호시탐탐 알을 노린다. 갈라파고스 제도에 있는 이자벨라섬을 찾아 틴토레라스라는 지역을 들렀다. 바로 이곳에서 새들이 이구아나의 알을 낚아채 공중에서 먹는 장면을 직접 볼 수 있었다. 인간이 섬에 들어온 뒤에는 함께 들어온 개들이 종종 이구아나를 사냥해 먹곤 해서 문제가 되고 있다. 그러나 바다이구아나는 워낙 많아서 아

03 | 파란발과 파란 부리가 인상적인 새 파란발 부비
사진제공 : 찰스 다윈 재단

직 멸종 위기에 몰린 것은 아니다.

갈라파고스를 상징하는 것은 커다란 자이언트거북(giant tortoise)이지만 생물학자들에게 가장 많이 알려진 생물은 다윈 핀치다. 사는 곳과 먹이에 따라 부리 모양이 달라진다고 해서 생물 교과서에 진화의 증거로 빠지지 않는 바로 그 새다. 참새만한 다윈 핀치는 갈라파고스 제도에 모두 14종이 산다. 식물의 열매를 먹는 새, 선인장 꽃의 꿀을 먹는 새 등 종류도 다양하고 교과서에 나온 것처럼 부리도 다르다.

사실 다윈은 갈라파고스를 떠날 때까지도 핀치의 중요성을 제대로 알지 못했다. 여러 섬에서 나온 핀치의 표본들을 표시도 없이 뒤섞어놓았을 정도다. 핀치가 진화의 생생한 증거라는 사실을

04 | 바다이구아나의 알을 먹으려고 머리 위를 맴도는 새떼

05 | 다윈에게 진화론의 영감을 준 핀치

06 | 일광욕을 즐기는 바다사자
사진제공 : 찰스 다윈 재단

알게 된 것은 비글호 항해에서 돌아온 다음이었다. 또 핀치가 진화
론의 대표적인 증거가 된 것은 다윈 이후 다른 생물학자들이 연구
하면서 핀치 부리와 먹이의 관계가 자세하게 밝혀지면서부터였다.

사실 다윈이 갈라파고스에 도착하고 그곳에 머문 6주 동안 불
현듯 진화론을 발견한 것도 아니다. 비글호 항해를 하기 전부터
다윈은 진화에 대해 인식하고 있었다. 『종의 기원』이라는 책도 갈
라파고스 여행으로 시작하는 것이 아니라 영국 농가에서 잡종 식
물을 만드는 이야기로 시작한다. 최재천 이화여대 에코생명과학
부 교수는 『다윈지능』이라는 책에서 "다윈의 진화론은 오랜 시간
에 걸친 치밀한 논리의 축적으로 탄생한 것" 이라고 지적한다.

필자는 갈라파고스에 머물면서 과연 다윈은 이곳에서 무슨 생
각을 했을까를 계속 고민해 봤다. 다윈의 위대한 점은 갈라파고스
를 포함해 5년에 걸친 비글호 항해에서 궁금한 점을 끈질기게 질
문했다는 점이다. 왜 섬에는 대형 포유동물이 적을까, 위도(환경)

가 달라지면 왜 같은 종인 듯한 동물이 다른 모습을 하고 있을까, 화석으로 존재했던 과거 동물들은 다 어디로 갔을까, 그들과 닮은 현대의 동물은 과연 어떤 관계가 있는 걸가.

이런 질문을 던지는데 갈라파고스는 최고의 장소였다. 필자가 3일 머물렀던 산타크루즈라는 작은 섬에서는 남쪽과 북쪽에 있는 선인장의 키가 확연히 달랐다. 비가 적은 북쪽에서는 1~2m에 불과했지만 비가 많은 남쪽에서는 최대 12m에 달하기도 했다. 각 섬에 사는 자이언트거북은 모습이 조금씩 달랐다. 위도가 비슷한데도 지역에 따라 확연히 달랐던 색다른 환경은 다윈에게 끊임없이 질문을 던졌고, 다윈은 끈질긴 노력 끝에 자연선택에 의한 진화론이라는 해답을 찾아낸 것이다.

여담으로 갈라파고스에서는 핀치가 우리나라의 참새나 까치처럼 흔한 새였다. 선인장은 물론 전신주, 지붕 등에서 흔하게 볼 수 있었다. 해변에 있는 한 작은 식당에 들른 적이 있는데 한 여인이 먹고 있는 아이스크림 사발 주위를 돌며 호시탐탐 아이스크림을 노리는 핀치를 본 적이 있었다. 재미있게도 갈라파고스 주민들은 이런 동물들하고 같이 사는게 익숙해서인지 새를 쫓지도 않았고 그렇다고 일부러 먹이를 주지도 았았다. 필자도 갈라파고스 해안에서 바다사자와 함께 수영한 적도 있었고, 펠리칸이 바로 옆에 내려앉은 적도 있었다.

Ⅱ. 갈라파고스를 있게 한 바다의 힘

갈라파고스 주변 해역은 지구에서 가장 풍요로운 바다로 꼽힌다. 필자와 함께 여행을 떠난 대학생탐사단인 에코오션의 대장 정대위 씨(상명대 생물학과 석사과정)는 "갈라파고스는 스킨 스쿠

07 | 바닷속 바위 틈에서 머리를 내민 곰치
사진제공 : 에코오션

버들에게 최고 인기의 다이빙 포인트"라고 말했다. 기자는 아쉽게도 스노쿨링에 그쳤지만 에코오션 대원들은 수심 수십 미터 해저를 다이빙했다. 커다란 상어를 비롯해 수많은 열대어, 곰치, 바다거북 등 갈라파고스의 바다의 '핫스팟' 이 무엇인지 체험단원들은 자세히 볼 수 있었다.

이 모습은 얼마전 SBS 프로그램 '정글의 법칙-갈라파고스' 편에서 자세하게 나온 적이 있었다. 갈라파고스 바다가 다른 바다보다 다이버들에게 사랑받는 이유 중 하나는 큰 해양생물을 만날 수 있어서다. 탐사를 가기 전 에콰도르 대사관 직원은 "갈라파고스 상어는 늘 배가 부르기 때문에 사람을 만나도 공격하지 않는다"고 말한 적이 있다. 사실인지는 모르겠지만 이곳에서는 고래상어, 상어, 바다거북 등을 자주 볼 수 있다.

그런데 갈라파고스의 바다에 왜 이런 축복이 펼쳐졌을까. 세 개의 해류 덕분이다. 적도 부근에서 뜨겁게 달궈진 난류가 동쪽으

08 | 갈라파고스의 귀염둥이 펭귄

로 가다 중남미 대륙에 부딪혀 꺾이며 갈라파고스 북쪽으로 흐른다. 남쪽에서는 영양분이 풍부한 훔볼트 한류가 남미 대륙을 타고 올라오며 갈라파고스 동쪽을 흐른다. 심해를 흐르던 다른 한류가 갈라파고스 서쪽에서 꺾이며 갈라파고스쪽으로 되돌아온다. 세 해류가 갈라파고스 주위를 감싸기 때문에 한류와 난류에서 사는 물고기들이 풍부하게 이곳에 사는 것이다.

대표적으로 가장 큰 물고기인 고래상어를 들 수 있다. 또 포유동물이지만 고래도 갈라파고스 주변에 많다. 고래 전문가인 칼 화이트헤드 박사는 갈라파고스 제도 주변에 사는 향유고래를 연구한 결과 "향유고래는 다문화 사회에서 살며, 특히 암컷은 인간처럼 동료에게 많은 것을 배우는 문화적인 동물"이라고 『거인을 바라보다』라는 책에서 주장했다.

또 유명한 것이 갈라파고스 펭귄이다. 지구에 사는 17종의 펭귄 중 적도 부근에서 사는 유일한 펭귄이다. 기자는 이자벨라 섬에서 배를 타고 가다 펭귄 대여섯 마리가 해안 바위에 서 있는 모습을 봤다. 남극의 황제펭귄처럼 크고 웅장한 모습은 아니지만 50cm의 작은 갈라파고스 펭귄은 귀여운 몸짓을 한창 뽐내고 있었다. 갈라파고스에 펭귄이 살 수 있는 이유도 해류 덕분이다. 페루에 살던 훔볼트펭귄이 훔볼트 해류를 타고 이곳까지 오게 된 것이다. 다윈이 비글호를 타고 지구에 사는 펭귄을 모두 만났다면 다윈 핀치 대신에 펭귄이 그 자리를 차지했을지도 모른다.

Ⅲ. 밀림속에서 자이언트거북을 만나다

갈라파고스를 상징하는 것은 역시 자이언트거북이다. 150년까지도 산다고 알려진 자이언트거북은 한때 100여 마리로 줄었을 정도로 멸종 위기에 몰렸다. 암울했던 과거를 잘 보여주는 것이 '외

09 | 정글에서 만난 자이언트 거북

10 | 갈라파고스 제도에 많은 큰 선인장

로운 조지' 다. 외로운 조지는 1971년 겨울 작은 핀타섬에서 발견된 마지막 자이언트거북이었다. 같은 섬에서 암컷을 찾아보려는 시도는 모두 실패했고 결국 다른 섬에 살던 두 마리의 암컷과 함께 살게 됐다. 필자가 갈라파고스에 갔을 때 유유히 살고 있는 외로운 조지를 본 적이 있다. 그러나 얼마 전 조지는 마지막 숨을 거두고 말았다.

자이언트거북은 한때 멸종 위기에 몰렸지만 지금은 희망이 꽤 많이 싹트고 있다. 각각 1958년과 1959년 설립된 갈라파고스 국립공원과 찰스 다윈 재단은 오랫동안 자이언트거북의 새끼를 길러 자연으로 돌려보내는 활동을 통해 지금은 수천 마리로 거북이를 늘리는데 성공했다.

산타크루즈섬의 거북이 센터에서는 알을 인공부화시키는 장치부터 단계별로 키우는 장소를 볼 수 있었다. 약 5년 동안 길러 25cm로 자라면 적응 과정을 거쳐 자연으로 돌려보낸다. 재미있게도 자이언트거북은 알이 어떤 온도에서 자라느냐에 따라 성별이 달라진다. 인큐베이터에서 28℃로 유지한 알은 수컷이 되고 29.5

℃로 유지한 알은 암컷이 된다. 앤젤이라는 이름의 공원 가이드는 "암컷의 수를 늘려 코끼리 거북이 더 빨리 늘어날 수 있게 온도를 조절한다"고 설명했다. 또 거북의 터전을 빼앗고 있는 염소 등은 총으로 쏴 죽이기도 한다. 갈라파고스 입장에서 보자면 염소는 인간이 데려온 침입종이기 때문이다.

섬에 들어갔을 때 국립공원 직원들이 가장 강조했던 것은 "갈라파고스의 동식물을 자연 상태로 지켜달라"는 점이었다. 위협하는 것은 물론 절대로 만져서도 안되고 2m 안쪽으로 접근해도 안됐다. 카메라 플래시도 터뜨릴 수 없었고 먹이를 줘서도 안됐다. 동물이 다가오면 오히려 인간이 피해야 했다. 주변 여건상 2m 규칙 등을 지킬 수 없는 경우도 있었지만 섬의 주민들과 관광객들은 꽤 충실하게 규칙을 따랐다. 지구에서 가장 독특한 생태계를 지키며 자연과 교감을 나누고 싶기 때문일 것이다.

섬을 떠나기 하루 전, 사실 바다를 제외하면 너무 관리된 지역만 돌아다녀 기자로서는 아쉬움이 조금 남았다. 그래서 국립공원에 부탁을 해 사람들이 잘 들어가지 않는 밀림 지역에 데려가 달라고 부탁했다. 국립공원에서 나온 루이스란 가이드가 필자를 밀림으로 데려다 주었다. 그곳에서 필자는 10여 마리가 넘는 야생 상태의 자이언트거북을 만날 수 있었다.

가장 인상적이었던 거북은 작은 연못 주위에서 만난 커다란 녀석이었다. 등껍질로 봤을 때 50세는 훨씬 넘는 자이언트거북이었다. 어쩌면 우리나라의 광복을 지켜본 거북일지도 몰랐다. 멀리서 살금살금 다가가자 거북은 고개를 등껍질 안으로 쏙 집어넣었다. 2m 떨어져서 가만히 앉아있자 안심했는지 고개를 쏙 내밀고 먹던 풀을 다시 뜯어 먹었다. 그 순진무구한 눈과 마주쳤을 때 자이언트거북은 내게 이렇게 묻고 있었다.

"뭐가 그렇게 바쁘나요? 나처럼 천천히 걸어봐요."

11 | 스튜어트 뱅크스 찰스 다윈 연구소장

"귀여운 펭귄 영영 사라질 수 있어요" "15m가 넘는 고래가 바로 내 위에서 헤엄쳐 지나갔어요. 그 순간을 잊을 수 없어요."

스튜어트 뱅크스 찰스다윈연구소장은 이곳에서 최고의 순간을 묻는 기자의 질문에 커다란 고래와 함께 헤엄친 순간을 꼽았다. 이 말을 하던 순간에는 다시 그 고래가 떠오르는 듯 얼굴이 한껏 흥분한 표정이었다. 그는 이곳에서 10년 넘게 연구하고 있다.

뱅크스 소장은 "귀여운 갈라파고스 펭귄을 앞으로 못 볼 수도 있다"고 강하게 경고했다. 사람들이 이동이 잦아지면서 갈라파고스 제도에 자꾸 외래종이 침입하고 환경이 변하고 있기 때문이다. 특히 그는 기후변화로 인한 엘니뇨와 라니냐 현상을 우려했다.

"갈라파고스 주변 바다에 엘니뇨와 라니냐가 점점 더 자주 오고 강해지고 있습니다. 수가 적은 갈라파고스 펭귄은 이런 변화에 매우 취약해요."

뱅크스 소장은 "갈라파고스는 자연 그대로를 지킬 수 있는 마지막 남은 곳 중 하나"라며 "이곳은 진화의 고향이자 상상을 넘어설 정도로 생물다양성이 풍부한 곳"이라고 강조했다.

* 도움 : 2012여수세계박람회, 에콰도르 갈라파고스 국립공원

세계의 섬을 찾아가다

그리스와 에게해의 섬들

진교훈 여행작가, Just go - 그리스편 저자

▲ 아크로폴리스 파르테논 신전

그리스와 에게해의 섬들

Ⅰ. 그리스로의 아름다운 초대

발칸 반도의 끝자락에 아름다운 푸른 에게해와 햇살 넘치는 환상적인 섬들이 있는 신화의 나라, 서구의 근본 사상이 되는 철학과 근대 민주주의의 태동한 나라 등 수많은 수식어가 붙는 지중해의 대표적인 나라, 지중해를 가장 잘 느낄 수 있는, 그리고 누구나 꿈꾸는 휴식과 여유의 땅, 그리스로 지금 떠나보자.

1. 그리스의 지리적 위치

그리스는 유럽 남동부 발칸반도의 남단에 위치하고 있다. 반도의 본토와 그 주변에 산재하는 섬들로 이루어져 있으며, 본토의 서쪽은 이오니아해와 접하고 있고 동쪽과 북동쪽은 에게해에 둘러싸여 있다. 북쪽은 알바니아 · 세르비아-몬테네그로 · 불가리아와 접하고 동쪽은 에브로스강을 사이에 두고 터키와 접경을 이루고 있다. 전 국토의 80%가 산지와 구릉으로 이루어져 있고, 연중 비가 적게 오기 때문에 농업은 올리브, 포도, 양의 방목과 더불어 밀, 담배, 면화를 주로 생산하고 있다.

그리스는 전형적인 지중해성 기후를 지닌 나라로 거기에 지중

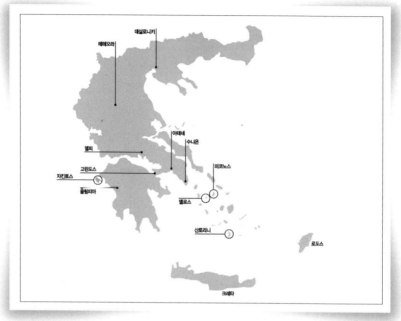

01 | 그리스 지도

해 건너 아프리카에서 날아드는 건조한 바람까지 천혜의 기후 조
건을 가졌다.

우리나라 여름과는 달리 5월말부터 9월말까지는 전형적인 지
중해성 기후로 햇볕은 강하지만 습기가 없어 그늘 아래는 시원하
다. 특히 여름철(6~8월) 중에는 비가 거의 오지 않으며 최고 30~40
도까지 기온이 올라간다. 겨울철에 해당되는 11월부터 3월까지는
우리나라의 초겨울 날씨라 생각하면 된다. 그리스의 겨울은 통상
1달에 5일 정도 비가 내리고, 눈도 가끔씩 내리기도 한다. 최근 들
어 이상기온 현상이 잦아졌다. 가을부터는 갑작스럽게 소나기가
내리는 경우가 가끔 있으니 접는 우산 하나정도 준비하는 게 좋다.

봄부터 가을까지는 햇볕과 자외선이 강렬하므로 모자와 선글
라스는 필수. 일교차가 심하기 때문에 저녁 때 입을 가디건 같은

옷이 필요하며 가을부터 겨울은 우기이므로 우산이나 우의를 준
비해야 한다. 겨울에는 예상보다 추워 따뜻한 옷을 준비하는 것이
좋다. 특히 섬을 여행을 하면 바람이 많이 불어 기온이 내려갈 수
있으니 맞는 옷을 준비하자.

● 평균 기온표 ●

기온	1월	2월	3월	4월	5월	6월	7월	8월	9월	10월	11월	12월
최저	6	6	8	11	16	20	22	22	19	16	11	8
최고	12	13	16	20	25	30	32	32	28	23	18	14

2. 푸른 색 줄무늬에 아픔의 역사를 쓰다.

그리스 국기는
하얀색과 파란색 9
개 가로줄이 서로
교대로 배치되었고
좌측 상단에는 파란
직사각형에 하얀 십
자가 있다. 파랑과
하얀색은 입헌군주
제의 왕인 오토 가
문(家紋)에서 유래한다.

02 | 그리스 국기

파란 색은 바다와 하늘을 나타내고, 십자가는 그리스도교 국가
인 그리스 독립의 상징이다. 그리스 국기에서 9개의 줄은 1821년
시작된 독립전쟁 때 '자유냐 죽음이냐(Eleutheria e Thanatos)' 라
는 그리스어 투쟁구호의 9음절을 나타내며, 동시에 독립전쟁이 9
년 동안 계속되었음도 뜻한다. 위 국기는 시대에 따라 파랑과 하

얀색 가로줄만으로 된 국기와 백십자 국기로 바뀌는 등 몇 차례 변경을 겪다가 1978년 12월 22일에 현재의 국기로 정해졌다.

3. 신화와 역사가 뒤섞이다.

그리스의 역사는 마치 신화와 실제가 뒤섞여 있는 듯하다. 4대 문명 중 하나인 이집트문명과 신화에서 영향을 받은 그리스의 독특한 문명은 유럽의 정신적 기원이자 유럽최초의 문명과 민주주의의 발상지로 알려져 있다. 그 대표적인 에게 문명이 크레타의 전설적인 왕 미노스와 미노타우르스의 신화와 잘 알려진 미노아 문명(B.C 3,000~B.C 1,400)이다.

그 후 기원전 2,000년전 발칸반도에서 남하하여 미케네 문명을 세운 아카이아인도 도리아인에게 무너지고 우리가 잘 아는 폴리스가 탄생하게 된다. 이로서 오리엔트식 사회구조의 에게해의 청동기 시대는 끝나고 그 후 B.C 1,000~B.C 500년경에 올림피아의 제전과 델피의 신탁을 중심으로 동족의식을 가지고 각 지역마다 혈연 공동체인 폴리스가 시작했다. 폴리스의 민주주의 형성과 B.C 492~B.C 480년경 유명한 마라톤에서의 승전, 테르모필레의 전투, 살라미스 해전, 플라타이아의 전투 등 처절한 전쟁 끝에 델로스 동맹의 그리스가 페르시아와의 전쟁에서 승리하여 펠리클레스 시대에는 번영을 이루었지만 아테네와 스파르타와 간의 펠로폰네소스 전쟁(B.C 431~B.C 404) 등을 거쳐 민주정치의 쇠락과 함께 그리스는 급격히 쇠퇴해져 갔다. B.C 387년 스파르타와 페르시아간의 안달기다스의 화약으로 동맹관계를 맺었다. 유명한 마케도니아의 알렉산더 대왕의 B.C 334~B.C 30년까지 동방원정을 계기로 오리엔트 문화와 그리스문화가 융합된 헬레니즘 시대가 출현했고, 알렉산더 대왕의 갑자스런 사후 혼란기를 거쳐 프톨

레마이오스 왕조(이집트~남부 시리아), 셀레우코스 왕조(에게해~아시아), 안티고노스 왕조(마케도니아~그리스)로 3국으로 분열된 후 이마저 B.C 2세기경 로마 제국에 의해 역사 속으로 사라졌다. A.D 395년 동서로 나뉜 로마 제국의 동로마는 그리스를 계승하여 비잔틴 제국으로 재편되었다. 그러나 1,453년 오스만 터키에 의해 멸망한 후 약 4백년간이나 식민통치 아래 있다가 1830년에 와서 독립왕국, 군주제 등을 거쳐, 1944년에 완전히 독립, 1946년~1949년에는 좌,우익간의 내전 후 1946년~1967년까지 임헌군주제, 군정 등 복잡한 과정을 통해서 사회주의 기반의 그리스 공화국이 1980년~1990년 탄생하고 2004년 올림픽 개최를 계기로 새로운 도약으로 발전해 가고 있다.

Ⅱ. 신화, 신들에게 길을 묻다.

그리스의 모든 도시에는 오랜 신화의 이야기들이 녹아 있다. 이야기가 있는 도시를 여행하는 것과 없는 도시를 여행하는 것에는 상당히 많은 감동의 차이가 있다. 그런 면에선 그리스를 여행을 한다는 것이 얼마나 재미있는 일들의 연속인지를 직접 경험하지 않으면 그 느낌을 전달하기가 어렵다. 그리스여행을 하기 전에 그리스신화를 한번쯤 읽어보고 떠나길 권한다. 그 많은 이야기들 중 몇 가지만 간단하게 소개하고자 한다.

1. 지혜의 여신 아테나의 도시, 아테네

고대 그리스의 영광을 한눈에 보여주는 고대 문명의 산실, 아테네도 그 신화의 중심에 있다. 아테네 이름과 관련된 이야기는 특히 유명하다. 신화에 의하면 고대의 인간들이 이곳에 도시를 세우고 올림포스의 신들을 초대하고 도시와 가장 잘 어울리는 선물을 주는 신의 이름을 따서 도시의 이름을 바치기로 했다. 그 중 지혜의 여신 아테나는 열매가 달린 올리브 나무를, 바다의 신 포세이돈은 자신의 땅에서 샘물을 선물하고 경쟁했는데 결국 인간들은 아테나의 선물을 선택했다. 그래서 도시 이름도 승리의 여신 '아테나'에서 따와서 아테네로 이름 짓고 가장 높은 언덕위에 도시의 수호신인 아테나 여신을 위한 '처녀의 방'이란 의미인 파르테논 신전을 세워 바치게 된 것이다.

2. 세상의 중심에서 신탁을 구하다. 델피

그리스 신화 속 모든 신들의 왕인 제우스는 세상의 중심을 찾고자 두 마리의 독수리를 반대 방향으로 날려 보냈는데, 그 두 마리가 지구를 돌아 마주친 곳이 델피이며, 그 장소에 '세상의 배꼽'이란 의미의 옴파로스를 세워두었다. 원래 델피는 땅의 여신 가이아의 아들이며, 거대한 뱀 또는 용의 모습을 하고 있는 피톤(Python)이 지배하는 곳이었다. 가이아의 신탁을 전하며 샘물을 마시러 온 사람들과 짐승을 잡아먹고 살던 성질 포악한 피톤은 마침 자신의 성지를 찾던 제우스의 아들인 아폴론 신에게 활을 맞아 죽고 만다. 여신 가이아의 아들을 죽인 불경죄로 제우스는 아폴론을 데살리아 지방의 템페 강으로 가서 죄를 씻으라 명했다고 한다. 이 두 사건을 기념하기 위한 것이 4년마다 델피에서 열리는 피티아 경기와 8년마다 한번 씩 델피의 신전에서 지냈던 피톤의 제사이다. 아폴론 신은 피톤이 데리고 있던 암컷 피티아를 사람으로 바꿔 델피의 신탁을 전하기 시작했다고 한다.

고대엔 전 세계에서 신탁을 구하고자 모여든 순례자들과 사절들은 가장 먼저 카스탈리아 샘에서 정결하게 씻고, 세금도 내고, 아폴론의 제단에 가져온 동물을 제물로 바쳤다. 그다음 아디톤(Adyton)의 옆방에서 순서를 위한 제비뽑기를 기다렸다.

예언은 아폴론 신이 델피에 없다고 믿었던 겨울철 3개월간을 제외하고 한 달에 한번 정해진 날짜에 여사제인 피티아(Pythia)를 통해서 이루어졌다. 예언의 방식은 제사장과 순례자, 사절단이 여사제에게 질문하면 여사제는 카스탈리아 샘에서 몸과 마음을 정화하고, 카쏘티스(Kassotis) 샘물을 마시고 월계수 잎을 씹어 먹으며 아디톤(Adyton)의 갈라진 바위 위에 자리를 잡고 앉는다. 그 아래엔 향이 피워진 화로가 있어 틈 사이로 올라온 가스에 취해 최면 상태에서 중얼거리게 되면 옆방에서 사제들(시인들)이 그 말을 6보격(步格, hexameter) 운율의 시로 해석을 했다. 그러다보니 예언은 항상 모호해서 여러 가지 의미로 해석되기도 했다. 신탁을 받기 위해 온 사람들은 오히려 예언을 받으면 더 혼란스러워서 돌아가는 경우가 많았는데, 리디아의 왕 크로이수스는 이 신탁으로 페르시아와 전쟁을 벌여 결국 왕국이 망했으며 반대로 아테네는 성공적으로 해석해서 페르시아에 현명하게 대처하기도 했다. 결국 예언은 받아드린 사람의 마음에 따라 다른 결과를 낸 셈이다.

3. 슬픈 운명을 간직한 비운의 도시, 코린트

우리가 많이 들어본 시지프스 신화와 연관된 도시가 코린트이다. 바람의 신, 아이올로스와 그리스인의 시조인 에레나테(헬렌) 사이에서 태어난 시지프스(Sisyphus)가 코린트(에피레)의 창건자이며 왕이었다. 또한 고대 그리스의 4대 제전인 이스토미아 경기의 창시자로도 알려져 있다. 호머는 그를 인간 중에 가장 현명하고 신중한 사람이었다고 했지만, 올림포스의 신들은 그를 가장 교활한 인간이라고 했다. 님프 아이기나를 납치한 제우스를 그녀의 아버지에게 고자질해서 그를 잡아오라던 죽음의 신 타나토스도 잡아 가두고, 명계의 왕인 하데스까지 속여 장수를 누리는 등 신들에게 미움을 사 결국 그는 사후 영원히 굴러 떨어지는 바위를 산정상으로 부질없이 반복해서 밀어 올리는 형벌을 받은 운명이 되었지만 말이다.

코린트와 관련된 또 다른 이야기는 슬픈 글라우케의 신화 이야기로 아르고스 호의 원정대장 이아손(Jason)은 황금 양털을 구하러 콜키스로 갔을 때 그를 사랑한 적국의 공주 메데이아(Medea)는 그를 도와 황금 양털을 구해주고 함께 콜키스를 탈출한다. 그의 고향으로 갔을 때 이아손의 아버지 아이손은 펠리아스에게 죽음을 당한 후였다. 마녀인 메데이아의 도움으로 복수를 하고 둘은 코린트로 도망을 가게 된다. 그러나 이아손에게 반한 코린트의 왕, 크레온은 자신의 딸, 글라우케와 결혼을 시키려한다. 코린트인들은 이방인이며 마녀인 메데이아를 두려워하고, 그녀에게서 마음이 멀어진 이아손은 코린트에 대한 권력욕 때문에 글라우케와 결혼을 승낙한다. 이미 두 아들이 있던 메데이아는 이에 분노하고 복수를 위해 독이 묻은 옷을 글라우케에게 선물을 한다. 아무것도 모르던 글라우케는 옷을 입자마자 온몸에 불이 타오르고, 그 고통에 신들에게 차라리 샘이 되게 해달라고 기도한다. 불이 타는 딸을 껴안은 크레온도 함께 불타 죽고 신들은 그녀를 샘으로 만들었는데 그게 글라우케의 샘이다. 그리스어로 글라우케의 의미는 '푸른 물빛'이라고 한다. 메데이아는 두 아들까지 죽이고 도망을 가버리고, 상심한 이아손도 결국 자살 또는 아르고 호의 뱃머리에 맞아 죽게 되었다는 비극적인 신화 이야기가 전해져 온다.

4. 아폴론의 탄생지, 델로스 섬

신화의 나라 그리스의 전역에 걸쳐, 심지어 본토에서 멀리 떨어져 있는 섬들에도 인간적인 신화의 전설들이 서려있다. 그 중 델로스 섬에도 예외 없이 그리스신화에서 가장 중요한 신들의 탄생을 만날 수 있다. 그리스신화 속에서 보면 신들의 왕인 제우스는 바람둥이로 많은 연인들과 자식들이 있다. 그런 제우스의 연인들과 자식들을 질투심 많은 정실부인 헤라 여신은 그들을 심하게 박해했다. 그 연인들 중 하나인 코이오스와 포이베의 딸 레토는 특히 헤라의 미움을 받았는데 그것은 레토가 자신의 아들인 아레스보다 더 위대한 신인 아폴론을 낳을 것이란 것을 예언을 통해 알고 있었기 때문이었다. 제우스의 아이를 임신한 레토는 무거운 몸으로 그리스 전역을 돌면서 해산할 곳을 찾았지만 헤라의 레토의 출산을 돕는 땅은 영원히 불모지로 만들겠다는 협박 때문에 적당한 장소를 찾지 못하고 있었다. 육지는 물론이고 크레타 섬을 돌아 소아시아의 해안을 따라 내려가다 마침내 찾은 곳은 불모지나 다름없는 바다위에 떠돌아 다니는 섬인 델로스 섬에 도착했다. 레토는 대신(大神) 제우스의 자식이 태어날 자리를 베풀면 새로 태어나는 신의 신전을 지어주겠다고 약속하고서야 간신히 허락을 받아냈다. 레토의 출산을 보기위해 헤라를 제외한 올림포스의 여신들이 델로스로 내려왔지만 헤라의 방해로 출산을 주관하는 여신 에일레이튀이아는 올수가 없었다. 레토는 9일 동안이나 진통으로 괴로워했으나 출산을 할 수 없었다. 이를 보다 못한 신들이 헤라 몰래 무지개의 신 이리스를 에일레이튀이아에게 보내 황금 목

걸이로 유혹하여 데리고 왔다. 에일레이튀이아가 도착하자 레토
는 야자수를 붙잡고 무릎을 꿇은 자세로 아폴론과 아르테미스 쌍
둥이 남매를 낳았다.

신화에 따르면 델로스 섬은 원래 파도를 따라 바다 위를 떠다
니는 바위였는데 바다의 신 포세이돈이 레토의 출산을 돕기 위해
서 사슬로 묶어 바다 밑바닥에 고정시켜 놓아 주었다고 전해진다.

5. 신화 속 크레타

크레타는 그리스 신화의 중심에 있다. 올림포스 12신들의 왕인
제우스의 고향이며, 바다의 신, 포세이돈이 진노하여 미노스의 왕
국을 파괴하기 위해 보낸 황소를 잡기 위해 헤라클레스가 온 곳이
기도 하다. 또한 그 유명한 미노스 왕과 미궁의 배경인 크노소스
궁전이 있는 전설이 발견된 곳이다. 그리고 산토리니와 더불어 전
설속의 아틀란티스 대륙이라고도 추정되는 장소이다.

그리스 신화에 의하면 제우스와 유로파의 아들인 미노스 왕은
천재 건축가이자 발명가인 다달로스에게 출구를 알 수 없는 미로
같은 궁전의 설계를 맡기게 된다. 그러나 왕은 다달로스와 그의
아들인 이카로스를 궁전의 비밀을 감추기 위해 감옥에 가두어 버
린다. 이를 미리 예측한 다달로스는 양초로 만든 날개 2개를 미리
만들어놓고 아들과 함께 하늘로 날아올라 궁을 탈출하게 된다. 다
달로스는 태양 가까이 날게 되면 양초로 만든 날개가 녹는다고 아
들에게 경고를 했지만, 젊고 충동적인 아들은 좀 더 태양을 향해
높게 날아오르게 된다. 날개는 녹아 그의 어린 아들, 이카로스는
에게해에 떨어져 죽게 되는 비극을 맞게 된다. 다달로스를 찾아간
미노스 왕은 코카로스에게 죽음을 맞게 된다.

또 다른 그리스 신화 이야기 중 하나는 미로의 이야기와 연관된 미노타우르스의 이야기이다. 바다의 신 포세이돈이 보내준 하얀 숫소를 탐한 미노스 왕의 탐욕 때문에 진노한 포세이돈이 미노스왕의 부인인 파시파에 왕비와 하얀 숫소와 사랑에 빠져 괴물 미노타우르스를 낳게 한다. 이 미노타우르스를 몰래 가두기 위해 미궁의 궁전을 다달로스에게 만들게 하고, 아테네에서 매년 젊은 남녀 7명씩을 데려다가 그에게 제물로 준다. 이를 막기위해 온 아테네의 왕자 테세우스는 미노스의 딸, 아리아드네의 도움으로 실타레를 풀고 미궁 속으로 들어가 미노타우르스를 죽이고 귀국한다. 귀국하던 테세우스가 승리에 취해 승리의 징표로 흰 돛을 달기로 한 아버지와의 약속을 잊는 바람에 아들이 죽은 것으로 오해하여 비통해 하던 아테네의 왕, 아이게우스는 투신해 자살한다. 이처럼 크노소스 궁전과 얽힌 비극적인 신화 이야기가 이곳을 찾는 여행객에게 더 많은 흥미를 불러일으키게 한다.

Ⅲ. 칼리메라! 그리스

1. 그리스의 심장으로 들어가다.

1) 아테네

전 세계의 관광객은 아크로폴리스 언덕위의 경이로운 파르테논 신전을 보기위해 아테네로 몰려든다고 해도 과언은 아니다. 하지만 아테네엔 파르테논 신전만 있는 것은 아니다. 아테네의 심장인 신타그마 광장, 아크로폴리스의 고대 유적지 속에 파묻혀있는 흥미로운 플라카 지구, 리까비토스 언덕 기슭에 현대 아테네의 화

03 | 아크로폴리스 파르테논 신전

려한 콜로나끼(Kolonaki) 지구, 일반 서민들의 활기가 넘쳐나는 옴모니아 광장 주변 등 각 지역마다 고대 그리스의 낭만적인 분위기와 조화로운 현대 그리스의 세련된 매력으로 가득 차 있다. 쌀로닉 만의 아름다운 에게해와 세월만큼 다양한 문화가 뒤섞여있는 아테네만의 특별한 매력을 느껴볼 수 있다.

아테네 효과적으로 둘러보기 위해선 일단 지도를 펼쳐 보자! 아테네는 생각보다 그리 큰 도시가 아니다. 특히 유적지가 몰려있는 구시가지는 지도에 명시된 거리를 살펴보면 2~3시간 정도 천천히 걸어서 봐도 볼 수 있다. 그래서 아테네 관광을 효과적으로 하려면 많이 걸어야 한다. 대부분의 유럽의 도시들이 그렇듯이 아테네 역시 광장을 중심으로 도시가 형성되어 있다. 그래서 아테네를 보다 효과적으로 여행하기 위해서는 도시의 형태를 이해하는 것이 제일 먼저 해야 할 일이다. 아테네는 주요 광장이 4개가 있고, 이 광장과 광장 사이의 연결 도로를 따라서 여행을 한다면 시내의 구석구석을 탐사해 볼 수 있고, 과거와 현재가 혼재되어 있는 아테네 복잡한 삶의 다양한 모습을 보다 잘 들여다 볼 수 있을 것이다.

일반적으로 아테네 관광을 하기 위해 4개의 연결고리는 신타그마 광장, 플라카 지구, 리카비토스 언덕 그리고 옴모니아 광장을 말한다.

제일 먼저 아테네 관광의 시작점은 그리스의 독립 헌법이 공표되었다고 해서 이름 붙여진 신타그마 광장(헌법광장, Sintagma)일 것이다. 전통복장의 근위대의 교대식으로 유명한 무명용사의 묘비를 비롯하여 국회의사당과 대통령 궁 등이 위치한 현재의 그리스의 정치 1번지인 곳이다. 신타그마 광장에는 공항버스의 종점, 교외로 가는 트램의 종점, 메트로와 시내버스 등이 연결되어 신화 여행의 출발지이며 아테네의 심장 역할을 하는 곳이다. 다양한 정보를 얻을 수 있는 관광 안내소도 신타그마 광장 주변에 있고, 최고급 호텔부터 다양한 등급의 숙소들도 많아서 이곳에 숙소를 정하면 편리하고 효과적인 일정으로 아테네를 구경할 수 있는 곳이다.

그 다음으로 고대 아테네의 모습을 가장 많이 간직한 플라카 지구(plaka)이다. 고대 그리스인들의 정치와 생활의 중심지였던 아크로폴리스(파르테논 신전), 고대 아고라, 헤파이토스 신전 등이 있어 실질적인 아테네관광의 핵심지역이 아닐까 싶다. 또한 플라카지역은 아테네에서 가장 생동감 넘치는 지역 중 하나일 것이다. 아크로폴리스에서 모나스트라키 역 주변까지 그리스 서민들의 전통음식점인 타베르나와 야외 카페, 바(Bar)들로 사람들이 밤늦게 까지 넘쳐 난다. 또한 쇼핑의 중심지로 복잡하고 좁은 골목마다 자리 잡고 있는 전통 가게들의 대부분이 관광객을 상대하는 기념품과 액세서리 가게로 바뀌긴 했지만, 아직도 이 상업지역을 살짝 벗어나면 옛 동네의 모습을 볼 수 있다. 플라카 지구에도 저

럼한 많은 호텔들이 자리 잡고 있어 알뜰한 그리스 여행을 하는 사람들이 많이 찾은 장소이다. 무엇보다 아테네에서 골목길에서 헤메는 즐거움을 느끼기에 충분한 곳으로 가장 먼저 추천을 할 만한 장소이기도 하다.

세 번째는 고대부터 왕이나 귀족들의 정치적이고 문화적인 중심지인 신타그마와 대비된 생동감 넘치는 서민들의 광장이라 불리는 옴모니아 광장(Omonia)이다. 아테네의 교통 중심지인 만큼 6개의 방사선 도로가 연결되어 아테네에서도 가장 많은 사람들이 오가는 소란스러운 부도심 역할을 하고 있다. 그러나 이곳 주변의 골목길과 메트로 역은 소매치기 등 아테네에서 가장 위험하니 항상 주의해야 한다.

마지막으로 아테네의 청담동 쯤 되는 콜로나키 지역이 있는 리카비토스 언덕(Likavatos) 주변이다. 아테네 어디서나 보이는 리카비토스 언덕은 여름에는 언덕위의 노천극장에선 야외콘서트가 열리고 연인들이 가장 즐겨 찾는 야경이 아름다운 전망대가 위치하고 있다. 이곳을 가려면 콜로나키에서 케이블카나 택시를 타고 올라갈 수 있다. 언덕 아래의 콜로나키 지역에는 아테네에서 가장 귀족적이고 세련된 지역으로 유명인사와 연예인들의 고급 아파트, 명품 부티크, 고급 레스토랑과 노천 카페, 갤러리 등이 콜로나키 광장을 중심으로 집중되어 있다. 스타일리쉬한 젊음이 넘쳐나는 이곳은 또다른 즐거움을 선사해준다.

2) 수니온 곶_Cape Sounion(Σούιο)

그리스 본토의 가장 남쪽 끝에 위치한 땅끝마을이다. 아테네에서는 남동쪽으로 68km 지점에 위치하고 있다. 아티카반도의 자연적으로 돌출된 곳으로 반짝이는 푸른 바다가 펼쳐진 곳이다. 약 60m의 높이의 가파른 절벽위에는 유명한 포세이돈 신전이 지중해의 태양아래 빛나고 있는 곳이다. 이곳은 호머의 서사시 오딧세이 편에 기록된 대로 '신성한 곳'으로서 종교적인 장소였다. B.C 3000년전부터 다양한 신들과 헤라클레스 등의 신과 영웅을 섬겼고, 특히 아테나와 포세이돈을 숭배한 장소이기도 하다. 또한 살로닉 만과 키클라데스 제도 등을 오가는 선박을 통제하고 라브리오 광산에서 나는 다량의 은과 철의 생산과 감시를 하던 전략적으로 중요한 요충지였다. 그 덕분에 아테네가 부를 축적을 할 수 있었고 북서쪽에 튼튼한 성벽을 쌓아 안전적인 망대 역할을 했던 곳이기도 하다. 현재는 그때의 흔적만을 더듬어 볼 수 있는 유적이 남아 있고, 신전을 배경으로 본토에서 가장 극적인 일몰을 마주할 수 있는 장소이다. 해질녘에 이곳에 도착하면 황량한 언덕과 붉은 황혼녘 바다와 어울려 숨쉬기 힘든 아름다움을 자아낸다. 아테네에서 수니온 곳까지 이르는 멋진 해안의 절경들이 경탄을 자아내며, 시간을 두고 일몰에 맞춰서 도착하면 더욱 극적인 장면과 만날 수 있다.

3) 신탁의 도시, 아폴론의 델피, DELPHI

델피는 신화의 중심지이며 세계의 중심지라고 고대 그리스인들이 믿던 성스런 장소이다. 매년 2천만명이 방문하는 세계문화유산인 델피는 한번쯤 방문을 해봐야 할 충분한 의미가 있는 곳이다.

아테네에서 버스를 이용하여 당일에 다녀올 수 있는 곳으로, 고고학 유적지를 좋아하는 여행객들에게 인기가 높다. 델피는 해발 550m 산중턱에 위치한 작고 아기자기한 마을이다. 버스 터미널에서 유적을 향하여 오른쪽으로 연결되는 아폴로노스 거리(Apollonos Str.)가 중심가로 많은 타베르나와 호텔과 은행, 우체국, 기념품가게, 관광안내사무소 등이 줄지어 있다.

델피 박물관은 마을의 진입로에 위치하고 있고 마을에서 불과

04 | 델피유적

수 백 미터의 매우 가까운 곳에 자리 잡고 있다. 유적지 왼쪽에 자리 잡고 있는 이 박물관은 1902~1903년에 처음 지어졌고, 1937~1938년에 다시 건립되었다가 최근 증축 공사를 마친 곳으로 약 6,000 점 이상의 유물을 보유하고 있다. 델피 박물관은 총 14개의 전시실로 나뉘어 있다. 신탁이 행해 졌던 돌인 '대지의 중심(옴파로스)' 과 함께 이 지역 유적지에서 발굴된 많은 소장품이 전시되고 있다. 또한 1896년에 발견된 유명한 청동상 및 작은 도상 등의 조각은 아르카익 시대부터 로마 시대까지의 미술 변천사를 살펴볼 수 있는 곳이기도 하다.

건축 조각품들 중에서 주목할 만한 작품으론 크니디아(Cnidian)인들의 보물창고의 아르카익 시대 프리즈와 여인상 기둥들(Caryatides), 알크테니데스에 의해 지어진 아르카익 시대의 아폴로 신전의 동쪽 페디먼트와 아테네인들의 보물창고의 메토프가 있다.

델피의 고대 유적지는 아폴론의 성역과 아테나 여신의 성역 그리고 체육시설인 김나지움과 카스틸리아 샘으로 나눠진다. 이 중 아폴론 성역은 유료입장이고 나머지는 무료 입장이다. 카스틸리아 샘은 현재 낙석 위험 때문에 입장이 불가한 상태이다.

아폴론의 성역의 매표소를 지나 참배의 길(성스러운 길)로 들어가 보물창고 터를 지나면 거의 완벽하게 복원된 아테네인의 보물창고가 눈에 들어온다. 아폴로 신전에서 계단을 올라가면 극장이 있고 이 위에서 바라보는 유적은 박력이 넘친다. 아폴로 신전은 기둥과 토대밖에 남지 않았으나 아폴로 신에 대한 신앙과 그에 의한 신탁의 힘을 느끼게 한다.

아폴론의 성역아래의 길을 건너 언덕 아래로 보면 아테나여신의 성역과 체육시설의 흔적을 찾아볼 수 있다. 세 개밖에 남아 있지 않는 기둥이 세월의 무상함을 느끼게 하지만 그 화려함과 크기는 미뤄 짐작하기에 충분하다.

4) 펠로폰네소스의 관문, 시지프스의 코린트, Korinth(Corinth)

아티카 지역에서 서쪽에 위치한 펠로폰네소스 반도는 아름다운 자연과 함께 수많은 고대 유적지를 가지고 있으며, 이민족의 침입으로 인한 상처가 많은 지역이다. 또한 그리스 독립전쟁의 주요 지역으로서 근대 그리스 역사의 한 부분을 당당히 차지하고 있는 곳이기도 하다. '펠롭스의 섬' 이라는 뜻의 펠로폰네소스는 그리스 신화의 탄탈로스와 그의 아들 펠롭스의 이야기에서 기인된 이름이다. 코린트, 미케네, 올림피아, 스파르타 등 이름만 들어도 유명한 고대 유적지들이 산재되어 있다. 폭군으로 알려진 로마의 네로 황제에 의해서 시작된 코린트 운하를 넘어 펠로폰네소스의 이야기 속으로 들어 가보자.

거리가 가깝고 볼거리가 많아 아테네 근교 일일 투어 코스로

05 | 코린트

추천되는 코린트 관광의 핵심은 '구 코린트' 즉 '고대 코린트 유
적지'를 탐방하는 것이다. 코린트 유적지는 유네스코 선정 세계유
산으로 지정되어 있으며, 로마의 모든 건축물의 원조격으로 그 섬
세한 아름다움에서는 로만 건축물을 압도한다. 이곳에는 BC 6세
기 건축물로서 그리스에 남아 있는 신전 중에서 가장 오래된 것 중
하나인 아폴론 신전_Temple of Apollo이 있다. 화장실, 목욕탕,
시장터, 경기장 등 그 시대의 삶의 모습을 볼 수 있는 역사적 사료
로서의 가치가 높으며, '피레네의 샘'이라고 불리는 로마시대의
건물 아래에는 지금도 자연수가 솟고 있다. 고대에는 저수장으로
사용되었고 슬픈 전설들도 간직하고 있다.

또한 코린트의 유적 박물관_Archaeological Museum of
Ancient Corinth에는 신석기 시대부터 로마시대까지의 유물이나
이 지방 일대의 출토품들을 전시하고 있다. 각 시대의 작품 중에
서도 검고 붉은 색조의 그림이 그려진 코린트의 항아리는 특히 유

명하다.

유명한 코린트 운하는 아테네에서 서쪽으로 78km 지점에 위치, 코린트 만과 살로닉 만을 연결해주는 운하이다. 고대에는 운하대신 돌로 포장된 길(DIOKOS)을 만들어 배를 수레로 끌어 반대편에 옮겨주고 수입을 올렸다고 한다. B.C7세기 페리안드로스가, BC44년 줄리어스 시어저, 그리고 칼리쿨라 황제까지 계획을 세웠지만 실행에 옮기지는 못했다. 네로 황제가 실제로 노예 6천여명을 투입해 공사를 시작했지만 4년 만에 공사는 중단 되었다. 1881년 착공해서 1893년 완공, 길이 6.34km, 상부의 폭 24.6m, 하부의 폭 21m, 수심은 8m이다. 이 운하의 연결로 430km 정도의 뱃길이 단축되었다. 수심이 깊지 않고 폭이 좁아 큰 배는 다니지 못한다. 이 운하의 남쪽 끝 부분에는 이스티미아 경기가 열리던 유적지가 있다. 운하위로는 걸어서 건널 수 있게 통행다리가 있고 여기서 번지점프도 할 수 있다.

5) 메테오라

1988년 유네스코에 의해 세계 자연,문화 유산으로 지정된 곳으로 메테오라는 그리스 중부, 테살리아 지방에 위치한 트리칼라 주의 작은 마을인 칼람바카와 카스트라키(Kastraki)마을 사이에 바위로 이루어진 산악 지대를 일컫는다.

메테오라는 그리스어로 "공중에 떠 있는 수도원"이라는 뜻이다. 피니오스강(江) 상류 주변에 평균 높이가 300~550m에 이르는 기암들이 아찔하게 솟아있는데, 그 정상에 14세기 초부터 찾아온 수도사들이 수도원들을 세워 오늘에 이르고 있다.

중세 때는 수도원이 20개가 넘었으나 제2차 세계대전과 잇따른 내란으로 인하여 많은 수도원이 파손되었으나 1960년 복원되어 필사본들과 16세기 프레스코가 보존될 수 있었다. 007시리즈

06 | 메테오라 발람수도원

에 트리니티 수도원이 배경이 되면서 다시 유명해진 곳이다. 현재도 수사와 수녀들이 거하고 있으며, 개방된 수도원 5곳과 수녀원 1곳만 관광객들의 방문이 제한된 범위에서 허용된다.

여행자들이 가장 많이 찾아오는 시기는 6~9월 사이로 특히 4월 부활절 기간에는 성지 순례자들의 발길이 끊이지 않는다. 여름철에는 햇볕을 피하기 쉽지 않아 도보 여행은 생각보다 쉽지 않아 추천하지 않는다.

이 중 대(大) 메테오라 수도원은 메테오라에 있는 수도원 중에서 가장 규모가 크며 목수 공방, 민속 박물관, 부엌, 수도원 박물관, 성화 기념품 상점, 예배당 등의 시설이 있다. 내부 사진 촬영은 금하고 있으며 이곳을 방문하는 모든 여성은 입구에서 대여하는 긴 스커트를 입고 입장해야 한다.

메테오라 지역을 다 걸어서 돌아보는 데는 6시간 정도 걸리고, 4개의 수도원만 방문을 할 경우는 약 4시간 정도 소요된다. 유용한 교통수단으론 버스와 택시가 있다.

2. 푸른 꿈을 꾸는 에게해의 섬들

에게해의 바다의 색은 짙은 코발트 색을 띠고 있어서인지 그 위에 떠있는 다소 황량한 느낌의 섬들은 더욱더 두드러지게 보인다. 그 섬에 사는 사람들은 푸른 꿈을 꾸며 살고 있다. 그리스 여행의 필수 코스인 에게해의 아름다운 섬들은 평생 가슴에 새겨질 추억을 선사할 것이다.

그런데 지중해를 여행하는 사람들에겐 로망일 수 있는 크루즈 여행은 개인적으론 추천하지 않는 여행 방법이다. 첫 번째 문제는 대형 크루즈여행은 매우 낭만적으로 들리긴 하지만 실제로는 매우 비효율적이기 때문이다. 항구에 접안도 어려워 작은 보트로 갈아타고 내리고 다시 돌아오는 데 많은 시간을 낭비해버린다. 두번째는 섬 여행의 하이라이트는 섬에서 숙박하며 독특한 밤 문화를 즐기는 것, 그래서 최소 2박 정도 해야 하는데도 불구하고 불과 몇 시간밖에 안 되는 짧은 기항지 일정 때문에 제대로 된 일정을 할 수도 없고, 숙박은 선실에서 해야 하므로 강 건너 불구경 하듯이 섬의 밤 풍경을 배에서 바라봐야 하기 때문이다.

1) 산토리니 Santorini

산토리니로 알려진 이 섬의 현지 지명은 티라(Thira)이다. 제주도와 마찬가지로 산토리니 역시 화산 활동이 있었던 섬들 중 하나이다. 본토에서 약 200km 남쪽, 미코노스와 크레타 사이에 있는 산토리니 섬은 그리스 섬의 단연 국가대표이다. 에게해의 풍경하면 가장 먼저 떠오르는 하얀 종탑, 파란 지붕, 하얀 벽을 지닌 그리

07 | 산토리니 이아마을

스 정교풍의 교회들이 지중해의 푸른 바다와 대비된 모습이 매우 이색적인 산토리니는 아마도 세계에서 가장 큰 화산분출의 유산이 아닐까 한다. 화산분출은 B.C.1,600년경에 일어났는데, 이로 인해 화산의 중간이 가라앉기 시작하였으며 높은 절벽이 있는 분화구를 남겨 놓아 세계에서 가장 드라마틱한 지형적 장관을 만들어 놓았다.

에게해에서 가장 빼어난 이 섬은 거대한 화산 폭발로 만들어진 만큼 동쪽 바깥 테두리에는 움푹 패인 화산의 가장자리이며 서부 해안 전체는 높은 절벽위에 자리한 마을들로 이어져 있다. 하얀 집들이 푸른 바다와 하늘의 낭만적인 이미지를 더 아름답게 한다. 불그스레한 적갈색빛 토지에 올리브 나무가 덮여 있으며, 이태리 와인에 영향을 미친 독특한 산토리니만의 와인이 생산되는 포도밭이 있고 바다와 절벽을 이루고 있는 황량한 풍경이 이루어진 곳도 있다. 절벽아래 항구에서 절벽 위의 도시까지는 수백 개의 계단으로 연결되어 있다. 산토리니에는 그래서 수많은 계단으로 만들어진 골목길로 이루어진 마을들이 존재한다.

이 모든 특이한 풍경과 아름다운 건축물들, 그리고 유적들의 풍부함과 다양함이 특히 여름에 수많은 관광객들을 끌어들인다. 이 여름에는 넘쳐나는 수요를 이때는 다 충당할 수 없어 보인다. 그래서 해마다 산토리니 마을은 팽창하고 있고 조금씩 그 풍경들도 변하고 있다.

산토리니는 6월부터 9월까지가 성수기에 해당된다. 이때는 모든 호텔과 상점, 타베르나, 카페, 바, 클럽, 해변 등이 밤새 영업을 하며, 전 세계에서 온 수많은 다양한 관광객으로 넘쳐나는 시기이다. 그런 관계로 이 시기에는 물가가 가장 높다. 숙박비와 차량 렌탈 비용 등은 부르는 게 값이고, 예약을 미리 하지 않으면 국내선 항공권, 페리 등의 교통편까지도 구하기 어려운 시기이기도 하다. 지중해의 겨울철이라고 할 수 있는 11월~3월초까지만 제외하면 그래도 이곳을 여행하기엔 그리 불편함은 없다. 경제적으로 산토리니를 여행을 하고 싶다면 봄, 가을에 이곳을 방문하기를 권한다. 여름성수기에 비해서 모든 요금이 저렴하고 흥정도 쉽다. 운이 좋다면 이 시기에도 가끔은 수영도 할 수 있는 날씨를 만나기도 한다. 겨울철에는 3분의 2정도의 사람들이 산토리니가 아닌 아테네 같은 본토에 가서 쉬면서 실업수당을 신청해서 지낸다고 하니 그리스 경제의 좋지 않는 이면이라고 할 수 있다.

산토리니에도 풍부한 이야기가 전해져 온다. 사라진 대륙, 아틀란티스의 전설. 신화의 땅을 설명하는데 가장 많이 등장하는 단어는 '아틀란티스' 라는 이름일 것이다.

아틀란티스에 대해서 언급한 유일한 자료인 유명한 철학자 플라톤의 저서인『대화편』중 '티마이오스와 크리티아스' 에는 '낙원이었던 아틀라티스는 아시아보다 더 거대한 섬, 수많은 귀금속이 풍부하게 땅에 묻혀있고, 도시에는 금과 은으로 덮혀 있는 아름다운 건축물들로 가득한 곳으로 풍요하고 부강한 나라였으나, 탐욕해진 인간들을 벌하기 위해 신이 단 하루 만에 대지진과 홍수로 재앙을 내려 9,000년 전에 바다 속으로 사라졌다' 라고 교훈적으로 언급하고 있다. 아직도 그리스 사람들 사이에는 산토리니가 그 아틀란티스의 흔적이라고 믿는다. 재밌는 것은 산토리니에는 어렵지 않게 아틀란티스라는 이름의 간판을 내건 음식점들과 기념품 가게 그리고 중심마을에 위치한 호텔조차 이름이 아틀란티스호텔이다.

플라톤의 주장을 믿든 안믿든 간에 아직도 수많은 고고학자들과 보물을 쫓는 사람들 사이에선 아틀란티스는 논란의 대상이며 여전히 환상인 것 같다. 우리가 잘 아는 그리스 신화속의 트로이 목마로 잘 알려진 트로이 유적(트로이는 사실 터키의 서부해안이다.)이 탐욕스런 독일인 고고학자 손에 실제로 약 100년전에 발견된 이래 더 뜨거운 주제임은 두말할 필요가 없어졌다.

또 누가 아는가, 전설처럼 믿은 신화가 모두 실제였을지…

그리스의 고고학자 마리나토스는 1967년부터 산토리니 섬을 발굴하여 30m~40m 두께의 화산재 아래에서 고대 문명의 도시가 있었음을 확인했다. 지금도 산토리니에 가면 이 유적지들을 방문할 수 있다.

플라톤의 이야기가 사실이든 아니든 지중해의 활발했던 문화적 교류의 중심에 있던 산토리니에는 찬란한 문명이 꽃 피웠을 거라 믿고 싶고, 슬픈 전설이지만 현재의 아름다운 풍경만이 산토리니의 전부가 아님을 믿고 싶기에 신화의 대륙인 아틀란티스가 여기임을 믿고 싶다.

(1) 산토리니 즐기기

앞서 설명했듯이 화산으로 인해 생긴 절벽위에 형성된 마을을 탐사하는 것이 첫 번째로 산토리니에서 해야 할 여행코스이다. 산토리니의 가장 중심마을인 피라(Fira)에서 북쪽으로 절벽 길을 따라 피로스테파니, 이메로비글리 같은 마을의 골목길에 숨겨진 비경들을 찾는 즐거움은 마치 보물찾기를 하는 기분을 느끼게 까지 한다. 단, 좁은 골목길에는 계단이 많아 약간의 체력을 필요로 할 수 있지만, 환상적인 풍경이 피로를 덜해 준다.

피라마을에 절벽아래에 위치한 구 항구에선 해수온천에서 수영과 트래킹을 즐기기 위해 화산섬으로 가는 유람선들이 시즌에 운영을 하고 있다. 절벽 아래로 이어진 588개의 가파른 계단을 오가는 당나귀 택시를 타보는 경험도 잊지 못할 추억을 만들어 준다. 물론 케이블카도 운영하고 있다.

또한 섬의 북단 끝에는 세계에서 가장 아름다운 일몰 포인트로 유명한 이아(Oia) 마을이 자리잡고 있다. 이 환상적인 장면을 카메라와 마음에 담기 위해 전 세계에서 모여든 수많은 여행객들이 빼곡히 이 마을을 가득 채우는 것조차도 장관이다. 국내의 유명한 TV 광고 배경이 되었던 이아 마을엔 대리석 길로 연결된 골목골목마다 눈부신 비경들이 숨어 있다. 그 다음으론 주로 섬의 동남쪽에 위치한 독특한 해변들에서 휴식을 즐기는 것이다. 레드 비치, 화이트 비치, 블랙 비치 등 독창적인 색깔을 가진 해변뿐만 아니라 수 킬로미터에 이르는 긴 모래해변들도 가지고 있어 에게해를 즐기러 온 관광객들의 욕구를 충족시켜 주고 있다. 그리고 밤 늦게까지 해변에는 수많은 카페와 클럽, 호텔들이 자리 잡고 있어 여행객에게 편리함까지 제공하고 있다.

마지막으론 선사시대부터 시작되는 전설과 연결된 유적지와 박물관들을 방문하는 것을 추천한다. 키클라데스 군도의 그들만의 역사 유물은 방문객들의 상상력을 자극하기에 충분한 매력을 지니고 있기 때문이다. 아틀란티스 전설을 간직한 아크로티리 유적지와 산토리니에서 가장 높은 모노리토스 산 정상의 고대 티라 유적지에서 나온 유물들은 선사 박물관 등에 잘 보전되어 있어 한눈에 그 역사를 가늠할 수 있다.

(2) 산토리니에서 숙박하기

산토리니의 호텔의 수준은 일반 대도시의 호텔들과 비교할 수는 없다. 요금은 비싸지만 시설은 대도시의 호텔이 가진 부대시설이나 규모와 비해선 작고 아담한 호텔이 대부분이다. 대부분의 호텔들이 예전에 산토리니의 전통 집들을 호텔로 개조해서 재건축한 것이라고 생각하면 된다. 일반적인 전통 집은 동굴형태거나 돔형식의 지붕과 복층구조로 되어 있다. 또한 일반적인 등급을 나타낼 때 사용하는 별(Star)표시제는 사실상 없다고 봐야한다. 그건 호텔 판매를 대행하는 업체에서 편의상 만들어 놓은 표시이고 그 판매자의 개인적인 취향에 따라 등급이 결정될 뿐, 산토리니 어느 호텔에 가도 특별히 표시하는 호텔이 없기 때문이다. 보통 빌라, 트래디셔널 하우스, 럭셔리 하우스 등으로 구분한다. 특히 성수기(6~9월)에는 관광객에 비해 객실이 턱없이 부족하기 때문에 더욱 비싸고 바다(화산섬)전망이나 일몰을 바라볼 수 있는 좋은 전망을 가지고 있는 호텔이나 객실일수록 요금은 높아진다.

피라와 이아 마을에도 유스호스텔이나 배낭 여행자를 위한 저렴한 숙박시설도 있으나, 지중해의 대부분의 섬들의 숙박시설이 그렇듯 성수기에는 몇 개월 전부터 예약을 해야만 방을 구할 수 있고, 비수기에는 많은 숙박시설이 문을 닫기 때문에 이때도 예약하기가 만만치 않음을 생각을 하고 여행 준비를 해야 한다.

2) 에게해에 떠있는 하얀 보석, 미코노스와 델로스

(1) 미코노스

미코노스 섬은 그리스에서 가장 유명한 섬이며, 또한 휴양지로서도 세계에서 가장 인기 있는 섬으로 반세기 이상 동안 일탈을 꿈꾸는 전 세계의 여행객들이 끊임없이 찾아오고 있다.

미코노스 섬은 키클라데스 제도에서 그림 같은 어촌의 해안을 느낄 수 있는 유일한 섬이며, 미코노스의 첫인상은 건물들은 온통 하얗고, 그 건물들 사이의 아주 좁은 미로 같은 골목길이다. 눈이 부신 건물의 하얀색과 그 주위를 둘러쌓고 있는 언덕의 흙색만이 믿을 수 없는 파란 하늘과 아주 깊고 푸른 에게해를 구분해 주고 있다. 잘 보존되어 있는 많은 풍차나 수백 개의 빨간 지붕의 교회, 이 뿐만이 아니라 많은 박물관과 근처에 있는 델로스 섬 같은 역사적인 유적지가 이들의 삶의 문화나 풍습의 멋스러움을 더해주고 있다. 그리스의 여러 섬들과 함께 들러보면 이 섬이 왜 "에게해의 보석"이라 불리는지 이해할 수 있을 것이다.

어느 관광지의 여행코스를 추천하면서 '길을 잃어버리라'고 추천하는 이상한 소리를 할 수 있을까? 그러나 미로 같은 미코노스 타운_(호라 또는 초라 Hora or chora)에서 길을 잃어버리는 것은 미코노스를 즐기는 필수적인 추천 항목 중 하나이다. 호라를 탐험하는 가장 좋은 방법은 무작정 어슬렁거리며 걸어 보는 것이다. 어린 시절 소풍을 가서 '숨은 보물 찾기' 하듯이 동화 속 미로 같은 골목길에서 내가 원하는 바와 식당 그리고 호텔을 찾는 것은 모든 사람들에게 예상치 못한 즐거움을 두 배 이상 느낄 수 있다. 기념품을 사기 위해 영악한 상점 주인들과 흥정하느라 또는 여름 성수기에는 미코노스를 가득 메운 수많은 사람들에 의해 시달릴 수도 있지만 호라는 전형적인 지중해 풍의 어촌마을로서, 방문 그

08 | 미코노스

자체가 즐거운 곳이다.

호라의 좁은 골목길은 몇 안 되는 광장(Manto Mavrogenous Square, Tria Pigadia Square, Lakka Square)으로 서로 얽혀 연결되어 있어 아무 걱정하지 않아도 된다.

미코노스에 머무르는 동안 반드시 해봐야 할 것은 해가 질 무렵 리틀 베니스_Alevkantram의 운치 있는 바에 앉아서 발끝으로 떨어지는 석양을 즐기는 것이다. 그러다보면 너무 분위기 좋아 호텔로 돌아가는 것을 잊어버릴 정도이다. 그리고 또 하나 해봐야 할 것은 저녁 산책을 하는 것이다. 기념품을 사기 위해서건 사람 구경을 하기 위해서건 상관없이 호라의 저녁 산책은 평생 잊지 못할 좋은 추억 거리를 선물할 것이다. 활기찬 미코노스 타운에 들어가면 동화 속 같은 하얀 미로 주변으로 카페, 디스코텍, 바, 갤러리와 상점 등이 줄지어 자리 잡고 있다. 그러나 최고 성수기(6월~8월)에는 사람들이 많아 짜증날 수도 있으니 주의해야 한다. 저녁식사를 하기 두어 시간 전에 산책을 시작해서 적당히 배가 고프면 식당을 찾아 저녁 식사를 하면 딱 좋다. 미코노스는 나이트 라이프를 즐기는 사람이 많아서, 특히 여름밤에는 미로 속은 새벽 3시까지 붐빈다. 즉, 낮 동안은 미코노스 섬 아름다운 비치에서 수영을 즐기고, 밤에는 미로 속을 헤매며 바나 카페에서 지중해의 잊지 못할 밤을 달래는 게 가장 일상적인 생활이다.

또 다른 즐거움을 찾는다면, 특히 보름달이 뜨는 날엔 파라다이스 비치를 찾아 풀문파티에 참가해 보는 것도 좋다. 슈퍼 파라다이스 비치와 파라다이스 비치 등 에게해에서 가장 아름다운 해변들의 클럽에선 일탈을 위한 파티가 보름달이 뜨는 밤에는 열리기 때문이다.

미코노스 타운을 돌아다니다 보면 카페나 클럽, 그리고 작은 상점들의 문 앞에 각자의 개성을 살린 7색깔의 무지개 깃발이나 표시를 해놓은 것을 종종 보게 된다. 전통적인 무지개 깃발에서부터 피아노 건반이나 팔래트 같은 예술적인 표식들은 동성연애자인 게이들을 위한 곳이라는 의미로 사용된다. 그러나 미코노스의 이런 명성이 이젠 예전과는 많이 다르다는 것을 느끼게 된다. 왜냐면 그곳은 더 이상 게이들의 전유물이 아니라 전 세계에서 오는 모든 관광객들이 대부분의 자리를 차지하고 있기 때문이다. 만약 이런 무지개 표식을 보더라도 주저하지 말고 안으로 들어가도 문제는 없다.

(2) 델로스 Delos

미코노스를 가게 되면 반드시 들려야하는 그곳은 그리스 신화가 살아 숨 쉬는 델로스 섬이다. 에게해 문명의 숨결, 델로스 섬(Delos Island)은 미코노스 섬에서 5km 떨어져 있으며, 그리스 신화에 의하면 태양의 신 아폴로와 그의 쌍둥이 자매 아르테미스가 태어난 장소로 키클라데스(Cyclades) 군도의 작은 섬이다. 딜로스란 그리스어로 '밝다. 빛나다' 라는 뜻으로 에게해의 중심지, 고대 종교의 성지였고 고대 세계의 위대한 정신적인 중심지로 거대하고 다양한 신전들이 존재했을 만큼 번영했던 섬이었지만 현재는 폐허처럼 유적만이 남아 색 바랜 풍광을 가지고 있다. 아폴론 신전의 왼쪽에는 유명한 델로스의 라이온 상들이 줄지어 델로스를 보호하듯이 멀리 잡히지 않는 시선으로 묵묵히 응시하고 바다를 향하고 있어 신비스럽기까지 한 곳이다.

섬 자체가 고대 그리스 박물관 같으며, 가면의 집이나 집 바닥의 돌고래 모자이크도 유명하다. 산중턱에서 내려다보는 유적지와 에게해의 바다가 장관이다.

델로스의 역사는 미케네인, 이오니아인, 아테네인, 마케도니아인, 로마인들까지 수많은 세력들이 이곳을 지배하고 사라진 덕분에 이야기는 아주 풍부하고, 그로 인해 델로스 섬에는 그리스의 가장 다양한 유적들이 들어 있다.

오늘날 델로스 역사의 잔해가 보여 질 수 있었던 것은 1873년에 그 유적을 발굴하려는 프랑스의 고고학 학교의 노력 때문이었다.

델로스 섬까지는 약 30분이 소요되며 하루에 왕복 3편이 운행을 한다. 델로스 섬에 도착했을 때 돌아오는 배편 시간을 꼭 체크하기 바란다. 마지막 배편을 타지 못하면 숙박시설이 없는 델로스 섬에서 홀로 1박을 해야 할 수 있다. 유적지 개장시간은 휴관일인 월요일을 제외하고 화요일부터 일요일까지 08:00 a.m~15:00 p.m 까지 개방한다. 박물관에서 입장권 구매 시 받는 안내서에는 자세한 유적지 지도와 함께 추천 코스가 3가지로 나눠져 있다. 선착장과 박물관 사이의 유적지를 돌아보는데 1시간 30분정도가 소요되고, 산중턱의 원형극장이 있는 곳까지 포함하는 코스를 돌면 약 3시간, 나머지 스타디움까지 모두 돌아본다면 약 5시간 정도 소요되니, 배편 스케줄과 함께 본인에게 맞는 코스를 잘 선택해서 보는 것이 좋다.

3) 크레타

엘 그레코(El Greco)로 더 유명한 화가 도메니코스 테오토코포우로스(Domenikos Theotokopoulos), 희랍인 조르바의 저자 니코스 카잔차키스(Nikos Kazantzakis) 등 뛰어난 인물들을 배출한 크레타는 아름다운 해변을 포함한 자연경관과 신화를 품은 유수한 유적지를 자랑하는 지중해에서 가장 큰 섬이다. 그러나 시간여유가 별로 없는 여행객에게는 헤라클리온 시내와 크노소스 유적지 방문을 추천한다. 헤라클리온 시내 중심은 언덕처럼 높고 북쪽 해안선으로는 완만한 경사를 이루고 있어 시원한 지중해의 풍광을 즐기기 좋은 자연환경을 가지고 있다. 단, 헤라클레온의 거리 이름은 전부 그리스어로 되어 있으니, 영어 발음기호를 가지고 다니는 것이 편리하다.

베네치안 성벽 안에 복잡한 미로로 만들어진 헤라클리온의 거리는 베니젤로(Venizelou)광장을 중심으로 어디든 걸어서 10분이나 20분이면 갈 수 있다. 그래서 크노소스 유적지와 공항을 제외한다면 헤라클리온 시내는 걸어서 다녀도 충분하다. 그나마 그 두 곳도 시내에서 버스를 타면 15~20분 정도면 도착할 수 있는 거리에 위치한다.

크레타의 역사는 매우 복잡하고 불행의 연속이었다. 또한 크레타는 에게해에서 가장 중요한 문명들의 시작점이라는 흥미로운 사실을 가지고 있는 곳이다. 크레타에는 B.C.7,000~3,000년경 신석기시대부터 최초의 정착하여 유럽문명의 시초인 미노안 문명(Minoan civilization, B.C.2,600~1,100)의 시작이기도 하다. 20세기에 들어와서 산토리니와 크레타 섬이 아틀란티스의 무대라는 주장이 나왔다. BC 17세기 중엽에 발생한 산토리니(Thera)의 화산분출과 함께 큰 해일이 이 눈부신 문명을 덮쳐 사라졌고 결국 그 자리를 도리아인들과 아카인(Achaians)들이 차례로 정착했고, 고전시대(Classical era, B.C.480년)의 시작부터 쇠락하여 B.C.67년 로마에 복속되었다.

그 후 AD395년 크레타는 비잔틴제국의 일부가 되었으며 1206년에 베네치아에게 할양되어 새롭게 식민화하였다. 1669년에 크레타는 터키에게 정복되었다가 이후 이집트에게 다시 정복되었다(1830~1841). 크레타의 그리스와의 공식적인 통합이 1913년에 이루어졌다.

크레타는 낮보다 밤이 정말 아름다운 곳이다. 거리와 거리가 교차하는 작은 광장에는 밤이 되면 사람들이 하나둘 모여 이야기꽃을 피운다. 그래서 헤라클리온에서는 밤엔 잠들지 말고 베니젤로 광장 같은 곳으로 나가라고 조언하고 싶다.

(1) 크레타 고고학 박물관 Archaeological Museum

헤라클리온(Heraklion)의 중심인 엘레프테리아스(Plateia Eleftherias)에 위치한 크레타 고고학 박물관은 유럽에서 가장 뛰어나고 중요한 미노안 문명의 박물관이다. 이 박물관에는 5500년 이상의 역사를 지닌 크레타 섬의 전 지역에서 발굴된 유물들을 전시하고 있다. 그러나 아쉽게도 현재까지 기존 크레타 고고학 박물관이 내부 보수 공사 중으로 일시적으로 폐쇄중이다. 대신 건물 반대편의 Chatzidaki거리 방향에 특별히 설계된 임시 전시실에서 일부 주요 전시품만 전시중이다. 박물관의 전시품은 B.C.6,800~3,200년대의 신석기 시대부터 로마시대까지 연대별로 전시하고 있다. 가장 중요한 전시물들인 크노소스 궁전 및 유적지에서 발굴된 유명한 프레스코화 몇 점을 비롯해서 토기와 보석류와 무기류 등을 전시하고 있다. 중요 전시품으론 뱀의 여신(the Snake Goddesses), 파이스토스 판(the Phaistos Disk), 미노안 궁전에 장식된 인상 깊은 프레스코 벽화들 중 하나인 파리지엔느(the La Parisienne)라고 이름 붙여진 프레스코와 황소를 뛰어넘는 사람(Bull Leaping)의 프레스코와 황금 조각상, 미노스의 반지(the "Ring of Minos") 등은 놓쳐서는 안 될 진열품들이다.

(2) 니코스 카잔차키스의 묘

전 세계 여행객들을 크레타로 발걸음을 돌리기 하는 희랍인 조르바의 저자 니코스 카잔차키스가 헤라클리온에 영면(永眠)하고 있다. 헤라클리온을 둘러싸고 있는 베네치안의 성벽의 남쪽 중앙인 마르티넨고 요새(Martinengo Bastion)에는 그리스가 낳은 세계적인 작가인 니코스 카잔차키스(Nikos Kazantzakis, *Νίκος Καζαντζάκης*, 1883~1957년)가 잠들어 있는 묘가 있다. 이 요새에 오르면 에게해의 바다를 배경으로 헤라클리온 시내가 시원스럽게 내려다보인다. 그의 묘에는 나무 십자가와 돌로 된 비석의 비문에는 "나는 아무것도 희망하지 않는다, 나는 아무것도 두려워 하지 않는다, 나는 자유이므로.(*Δεν ελπίζω τίποτα. Δε φοβάμαι τίποτα. Είμαι λέφτερος.*)"라고 쓰여져 있다. 오늘도 누군가 그의 무덤 앞에 꽃을 남기고 갔을 것이다.

(3) 크노소스 궁전

크레타에서 가장 유명한 유적지 중 하나인 크노소스 궁전은 헤라클리온에서 남동쪽으로 약 5km정도 떨어진 곳에 위치하고 있다. 하인리히 슐레이만이 발굴한 터키의 트로이가 그랬듯이 크노소스 궁전의 주인인 미노스 왕과 미노타우르스 역시 신화 속에서만 존재하는 전설들로만 여겨졌다. 1900년에 영국인 고고학자에

09 | 크노소스 궁전

의해서 이 크노소스의 미노안 문명은 세상 밖으로 빛을 보게 된다.

이 미노안 문명은 B.C.2,600~B.C.1,100까지 약 1,500년간 이어졌고 B.C.18~16세기에 가장 번영을 누렸던 것으로 알려져 있다.

첫 번째 크노소스 궁전은 대략 B.C.3,000~1,900년대 까지 전기 왕궁시대에 지어진 것으로 B.C.1,700에 지진으로 무너졌고, 그 자리에 더 큰 왕궁이 세워졌으나 B.C.1,450년까지 산토리니(티라)에서 발생한 화산폭발의 영향과 지진 등의 이유로 수차례의 파괴가 이루어졌다. 그 후 B.C.1,375년 미케네인들이 크레타를 정복함으로써 크노소스 왕궁은 완전히 파괴 되었다.

1878년 크노소스 궁전과 유적을 처음으로 발굴한 사람은 헤라클리온의 미노스 칼로카이리노스(Minos Kalokairinos)였으나 당시 땅주인의 지나친 요구에 의해서 진행되지 못했다.

현재 우리가 볼 수 있는 크노소스의 유적은 1,900~1,913년,

1,922~1,930년의 기간 동안 1차 세계대전으로 중단되기 전까지 트로이를 발견한 하인리히 슐레이만의 영향을 받은 영국의 고고학자 아서 에반스 경(Sir Authur Evans)이 사비 25만 파운드를 들여 22,000평방미터의 방대한 지역을 발굴하고 복원한 유적지이다. 그렇지만 초기의 발굴과 복원과정에서 그의 해석과 추정으로 나무 부분을 시멘트로 복원하고 모조품으로 대체해서 그다지 좋은 평가를 받지는 못하고 있다. 그래도 그의 업적은 인정되어 궁전 진입로에 그의 흉상이 세워져 있다.

Ⅳ. 시간 앞에 멈춰 숨을 고르다.

그리스의 본토와 에게해의 섬들은 신화를 품고 있고, 이곳을 찾아든 사람들은 그 이야기를 밖으로 옮겨 퍼뜨려서 외지 사람들을 상상하게 만들고 그곳으로 가도록 꿈꾸게 만든다. 그리스는 여행지로서의 충분한 매력을 가지고 있고, 이야길 가지고 있다. 우리에게도 아름다운 섬들이 많지만 사람들을 끌어들이는 마력 같은 이야기가 충분하지 않는 것 같아 아쉽다. 지금부터라도 우리의 섬에도 쓰러진 돌 하나에 이야기의 생명을 불어넣고 상상하게 만들 전설하나 만들어보면 어떨까 싶다.

여행자는 길을 떠나기 전 해야 할 첫 번째 일이 여행지와 그곳에서 사는 사람들에 대한 편견을 버리는 것이라 생각한다. 가끔 우리의 여행습관은 그들과 우리를 비교하고 가르치고 설득하려한다. 최근 불거지고 있는 그리스의 경제 사정 등 안 좋은 이미지와 뉴스만 가지고 편견이나 오해를 가지고 떠난다면 누구의 손해일까? 여행지와 사람들을 이해하기 위해선 먼저 그 곳의 역사와 문화에 대한 공부가 필요할 듯하다. 여행자의 마음은 비어진 그릇과 같아야 한다고 항상 생각해본다.

신화와 역사, 현재까지 시간이 멈춰진 곳에서 숨을 다시 고르면 어떨까.

특히 신화와 유구한 역사를 지닌 지중해의 그리스로 떠나는 여행은 탐험가 같은 기분으로 떠나면 훨씬 여행이 즐거울 거라 기대된다. 여행자는 가끔은 인디아나존스가 될 필요가 있다, 그래야 방문하는 곳이 더 흥미진진한 무대가 된다.

많은 사람들이 에게해의 코발트 빛 푸른 꿈을 가질 수 있기를….

국립제주박물관 문화총서 **12**

세계의 섬을 찾아가다

인쇄일	2013년 4월 13일
발행일	2013년 4월 16일

기획	신영호 · 유경하
교정	유경하
편저	국립제주박물관
	제주특별자치도 제주시 일주동로 17
	TEL. 064-720-8000

발행처	서경문화사
발행인	김선경
책임편집	김윤희 · 김소라
	서울특별시 종로구 동숭동 199-15번지(105호)
	TEL. 02-743-8203 FAX. 02-743-8210

등록번호	1-1664호
ISBN	978-89-6062-107-7 04380

ⓒ국립제주박물관, 2013

값	16,000원